Manager au quotidien

Groupe Eyrolles
61, bd Saint-Germain
75240 Paris Cedex 05

www.editions-eyrolles.com

ISBN: 978-2-212-54273-8

Catherine Berliet, Eugène Bili, Fabrice Daverio, Jack Durand,
Jean-Paul Lugan, Christine Marsan, Éric Vejdovsky

Sous la direction de
Stéphanie Brouard

Manager au quotidien

Les attitudes et comportements du manager efficace

À Vincent Hallé

Les auteurs

Catherine Berliet

Consultante formatrice, spécialisée en développement personnel et communication

Consultante, coach certifié MBTI, Catherine conseille, forme et accompagne managers et responsables d'équipes depuis plus de 10 ans. Elle a développé une expertise sur la gestion du temps et les outils d'efficacité personnelle et collective, et intervient pour le compte de grandes entreprises sur ces problématiques.

Eugène Bill

Consultant formateur coach. Responsable développement managérial et accompagnement du changement, Caisse des dépôts et consignations

17 années d'expérience comme consultant, formateur et manager, Eugène accompagne aujourd'hui les managers de la Caisse des dépôts et consignations dans leur développement de compétences. Certifié coach, il est spécialisé en leadership.

Stéphanie Brouard

Responsable pédagogique EFE, responsable du département management et efficacité professionnelle, également consultante formatrice

DESS de gestion des ressources humaines, plus de 10 ans d'expérience dans le conseil et la formation, Stéphanie est aujourd'hui responsable pédagogique au sein de EFE et responsable du département management et efficacité professionnelle. Elle développe l'offre de formations EFE et intervient en tant que consultante formatrice dans les domaines du management par projet, de la conduite du changement et de la pédagogie pour adultes.
Stéphanie intervient en master à l'IUP ingénierie économique de Grenoble.

Fabrice Daverio

Consultant formateur coach. Directeur du département leadership au CFPJ (Centre de formation et de perfectionnement des journalistes)

Manager chez L'Oréal et LVMH, Fabrice s'est ensuite formé au coaching et à de nombreux outils de communication avant de prendre la direction du CFPJ leadership, département du Centre de formation et de perfectionnement des journalistes dédié à la formation des dirigeants. Il met au point des parcours de formation et anime les modules dédiés aux aspects comportementaux de la communication, notamment en situation sensible: communication du changement, négociations difficiles, stratégies de communication en climat tendu.

Jack Durand

Consultant formateur en management

Jack, diplômé de Sciences Po Paris, a suivi une formation de formateur au SIPCA. Il est consultant formateur, en charge du département management des hommes et des organisations au sein de ECA, organisme de formation. Il a aussi exercé, durant 15 ans, des responsabilités managériales dans deux groupes industriels du CAC 40.

Jean Paul Lugan

Consultant formateur coach en management
des «hommes et des organisations»

Ancien manager et dirigeant d'entreprise, ancien compétiteur sportif et entraîneur adjoint (arts martiaux), Jean-Paul est aujourd'hui coach et formateur auprès de dirigeants et encadrants en management des hommes. Il est spécialiste de l'accompagnement des équipes et des hommes, et est certifié Belbin et Success-Insights.

Christine Marsan

Psychologue, coach et consultante formatrice en accompagnement
des personnes et des organisations

18 ans d'expérience dans le conseil en management et développement des hommes et des femmes, 4 ans de management opérationnel.
Christine est consultante dans l'accompagnement humain du changement, coach de dirigeant; elle apporte une autre vision de la complexité, facilite l'anticipation, la vision et la construction de sens.

Éric Vejdovsky

Consultant formateur en management et ressources humaines

Éric a eu une expérience professionnelle, à la fois française et internationale de 14 années, au sein d'une entreprise de services aux entreprises et aux particuliers, avant de devenir consultant, spécialisé dans l'efficacité managériale et dans l'accompagnement du changement au sein des organisations.
Il travaille depuis 5 ans comme consultant formateur indépendant, capitalisant à la fois sur son expérience de praticien des RH et sur des approches pédagogiques innovantes et éprouvées au service des responsables d'encadrement.

Remerciements

Je tiens à remercier :

Marie Ducastel, P-DG du groupe EFE et Laetitia Bonnissant, secrétaire générale de EFE Cursus pour leur confiance en me proposant de diriger cet ouvrage collectif ;

Catherine Berliet, Eugène Bill, Fabrice Daverio, Jack Durand, Jean-Paul Lugan, Christine Marsan et Éric Vejdovsky, d'avoir accepté de m'accompagner dans cette aventure et de m'avoir supportée (dans les deux sens du terme) ;

Nathalie Sannier, responsable éditoriale chez Eyrolles, pour ses encouragements et son soutien sans faille tout au long du projet ;

maître Fabrice Jeanmougin pour ses conseils et la validation des dimensions juridiques ;

Audrey Morisseau pour ses aides au quotidien ;

Stéphanie Ibanez, Philippe Forski et Pierre Rasolo pour leurs conseils judicieux ;

et certains managers que j'ai croisés et qui, par leur attitude et leur comportement avec leurs équipes, ont été une source inépuisable d'inspiration de tout ce qu'il ne faut pas faire !

Stéphanie Brouard
Responsable pédagogique
Responsable du département Management
et efficacité professionnelle
EFE – Édition Formation Entreprise

Sommaire

Endosser son rôle de manager

Jean-Paul Lugan

1.1 Prendre la dimension de ses responsabilités au sein de l'entreprise

1.2 Connaître les rôles et activités du manager

1.3 Identifier les caractéristiques des différents styles de management

PRENDRE LA DIMENSION DE SES RESPONSABILITÉS AU SEIN DE L'ENTREPRISE

Incarner une vision en cohérence avec les enjeux d'entreprise

LES OBJECTIFS

- S'approprier le sens de son action.
- Construire une vision qui donne du sens à l'action.
- Bâtir un projet pour l'équipe.

LE POINT DE DÉPART

Jeanne vient d'être nommée responsable d'une équipe de huit personnes au sein d'une société informatique. Son hiérarchique lui a rappelé les enjeux de l'entreprise et lui demande de présenter un projet pour l'équipe sous trois jours. Une multitude d'interrogations apparaissent, dont la principale question est: «Quelle démarche employer pour répondre à la demande de mon hiérarchique?»

L'ESSENTIEL

Les enjeux de l'entreprise: le sens de l'action managériale

Les enjeux représentent la traduction de ce que l'entreprise veut faire, sait faire et peut faire de ses ressources au regard d'un marché et de la concurrence.

Construire sa réflexion en trois temps et passer à l'action:

1. S'INFORMER SUR LES ENJEUX D'ENTREPRISE

Quels buts poursuit l'entreprise à court et moyen terme?

2. ÉTABLIR UN DIAGNOSTIC

- Faire l'inventaire des forces et faiblesses de l'équipe et de chacun des collaborateurs.
- Analyser celles-ci.
- Identifier les solutions possibles.

3. DESSINER LES CONTOURS D'UNE ORGANISATION GAGNANTE

Il est nécessaire d'évaluer les conditions de faisabilité de son action et la manière dont il faut s'y prendre pour la réussir : quel chemin emprunter ? Et demander à l'équipe de suivre, pour trouver une cohérence avec la destination proposée par l'entreprise et permettre la réussite des défis.

Construire et présenter un projet d'équipe

Quatre actions à mener.

1. DÉCLINER LA STRATÉGIE GLOBALE EN OBJECTIFS OPÉRATIONNELS

- Que pouvons-nous faire pour satisfaire les enjeux d'entreprise ?
- Quelle ambition avons-nous ?
- Où voulons-nous aller ?

2. DÉFINIR LE CHEMIN À PRENDRE

- Quelles méthodes et quels moyens seront nécessaires pour accomplir la mission du service ?
- Quelle organisation mettre en place ?
- Quelle méthode d'animation utiliser ?
- De quelles ressources (compétences, matériels, processus, etc.) avons-nous besoin et où les trouver ?

3. RÉDIGER LE PROJET EN TROIS PARTIES : ENJEUX DE SERVICE, MÉTHODE À METTRE EN ŒUVRE, MOYENS NÉCESSAIRES

- Quelle structure de présentation mettre en œuvre pour montrer l'efficacité de mon projet ?

4. PRÉSENTER LE PLAN D'ACTIONS À SA HIÉRARCHIE

- Comment valoriser mon projet pour qu'il soit porteur de sens ?
- De quelle qualité ai-je besoin pour vendre mon projet ?

Les questions à se poser

- Ai-je une vision pour l'équipe ?
- Ma vision est-elle en cohérence avec les enjeux d'entreprise ?
- L'ai-je présentée à ma hiérarchie ?

Pour conclure

La première étape managériale consiste à projeter le devenir de son équipe au regard des enjeux d'entreprise et du potentiel de ses collaborateurs.

CONNAÎTRE LES RÔLES ET ACTIVITÉS DU MANAGER

Jouer sérieusement ses différents rôles

LES OBJECTIFS

- Identifier les différentes dimensions du poste.
- Connaître les différentes activités liées à sa mission.
- Adopter la bonne posture au regard de ses activités de manager.
- Avoir les attitudes et les comportements efficaces en situation d'animation d'équipe.

LE POINT DE DÉPART

Malik vient de présenter un projet pour l'équipe à son hiérarchique. Il lui reste à conduire l'équipe sur le terrain. Quels rôles prendre au regard du degré d'autonomie de l'équipe et de chacun de ses collaborateurs ?

L'ESSENTIEL

Pour conduire son équipe vers la réussite, le manager assume tour à tour quatre rôles intrinsèquement liés entre eux de façon systémique : entraîneur, capitaine, arbitre, équipier.

1. Le manager « entraîneur » : mener les hommes au succès

Donner du sens aux entraînements afin que les hommes s'approprient et exécutent le système de jeu choisi.

Postures et activités	Les attitudes et comportements de « l'entraîneur »
Donner du sens à l'action collective et individuelle	- Incarner une direction. - Définir les objectifs collectifs et individuels. - Définir les priorités.
Valoriser les résultats et les efforts accomplis	- Entendre la voix de l'équipe. - Soutenir l'action collective et individuelle. - Donner de l'énergie « positive ».
Mettre en place le système de jeu	- Définir l'organisation et les périmètres d'activité de chaque collaborateur. - Coordonner l'activité. - Animer des réunions. - Faire jouer l'équipe sur ses points forts. - Faire émerger et mettre en œuvre les solutions de l'équipe. - Contrôler et valider le plan d'actions. - Maîtriser l'organisation pour être capable de s'adapter à l'imprévu. - Être prêt et capable de faire changer de tactique. - S'assurer que chacun est à sa place et fait ce qu'il a à faire.
Partager le leadership avec ses collaborateurs	- Être modélisable : l'exemplarité n'exclut pas l'erreur. - Faire « faire ». - Endosser les responsabilités des décisions inappropriées.
Entraîner et former	- Développer les compétences. - Définir les axes de progrès. - Démontrer et inspirer. - Exporter ses savoirs : voir, entendre, ressentir. - Transmettre ses savoir-faire : faire savoir. - Permettre et favoriser le développement et l'amélioration de l'équipe.
Évaluer	- Établir la cartographie des forces et faiblesses de l'équipe et de chacun des collaborateurs.

2. Le manager « capitaine » : protéger l'équipe

Tout en exerçant son rôle d'entraîneur, le manager exerce un deuxième rôle, celui de capitaine, qui a pour vocation de protéger l'équipe. Ce rôle consiste à veiller que sur le terrain de « jeux », le « nous » domine à travers un certain nombre de valeurs telles que respect, solidarité, etc.

Postures et activités	Les attitudes et comportements du « capitaine »
Être un exemple pour l'équipe	– Reconnaître ses erreurs, les corriger. – Faire ce qu'on dit, dire ce qu'on fait. – S'appliquer à soi-même ce qu'on demande aux collaborateurs. – Incarner l'équipe : écouter l'équipe et être son représentant.
Veiller au respect de l'organisation	– Veiller au respect de l'organisation en place. – Rappeler à l'ordre quand il y a dépassement de frontière. – Être le relais auprès de l'équipe. – Recentrer l'équipe sur ses objectifs. – Faire preuve de rigueur dans l'application des consignes.
Développer la solidarité	– Faire intégrer des valeurs de solidarité, de loyauté. – Protéger en faisant face dans les situations difficiles. – Faire de la cohésion et de la solidarité une priorité. – S'assurer que tout le monde vit « dans et avec » l'équipe. – Aider les équipiers en difficulté.

3. Le manager « arbitre » : veiller au cadre et à l'esprit du jeu

Afin d'exercer ses deux premiers rôles dans la cohésion et l'efficacité, le manager a, « sous ses deux autres maillots », celui d'arbitre, c'est-à-dire qu'il veille au cadre, à l'esprit du jeu et à la coexistence du « je » et du « nous ».

Postures et activités	Les attitudes et comportements de l'« arbitre »
Cadrer et recadrer l'équipe et les collaborateurs	– Construire les règles de vie collective. – Faire respecter les règles de vie collective et les engagements de chaque collaborateur. – Poser le cadre et les limites objectives et factuelles. – Permettre. – Donner des messages cohérents. – Faire régler les conflits ou les régler soi-même.
Être objectif et rechercher les faits	– Donner des « repères ». – Savoir distinguer l'acte et l'intention.
Sanctionner justement	– Respecter l'individu. – Évaluer sans juger. – Être garant de l'éthique.
Développer chez ses collaborateurs l'autoévaluation	– Permettre à chacun de s'évaluer. – Créer un climat de confiance et un état d'esprit sain. – Évaluer les hors-jeu et responsabiliser.

4. Le partenaire de « jeu »

Parce que le manager a compris que sa réussite est le résultat de la réussite du collectif, l'entraîneur cherche à la favoriser. Il est à la portée de l'équipe, tout à la fois dehors pour observer et dedans en respectant lui-même les attitudes et les comportements utiles d'un « **équipier** ».

Postures et activités	Les attitudes et comportements de l'« équipier »
Rester lucide quant à sa capacité à manager	– Se préparer soi-même. – Donner à chacun des collaborateurs de l'équipe les mêmes moyens pour se préparer. – Responsabiliser l'équipe sur le fait d'être prête au moment opportun. – Se montrer maître de soi sous la pression. – Se fixer des objectifs de progrès en tant que manager. – S'entraîner à progresser. – Exécuter : remplir ses missions, se dépasser. – S'évaluer justement et être en supervision de sa hiérarchie.
Développer la confiance en l'équipe et en soi-même	– Entretenir la confiance en soi et l'estime de soi. – Être ouvert aux suggestions de l'équipe. – Accepter de laisser à l'équipe son espace de jeu. – Aider à gérer le doute.
Gérer la suractivité ou le sous-effectif	– Montrer à tous comment se dépasser pour compenser les absences.

Les questions à se poser

- Quels sont mes comportements d'entraîneur ?
- Que fais-je en tant que capitaine ?
- Fais-je respecter les règles chaque fois qu'elles sont transgressées ?
- Suis-je un bon partenaire d'équipe ? Est-ce que je sais montrer l'exemple ?

Pour conclure

Le manager doit tenir quatre rôles qui, pour être efficaces, doivent s'exercer en complémentarité et non en opposition.

IDENTIFIER LES CARACTÉRISTIQUES DES DIFFÉRENTS STYLES DE MANAGEMENT

Connaître les différents styles de management pour mieux comprendre le sien

Les objectifs

- Identifier les différents styles de management selon les situations et les personnes.
- Prendre conscience de son style de management dominant.

Le point de départ

Jonathan a présenté et fait valider son projet auprès de son hiérarchique. Cependant, les interrogations demeurent autour du rôle que sa mission le conduit à tenir. Ayant peu de repères, il va interroger un collègue reconnu au sein de l'entreprise pour son leadership.

L'essentiel

1. Les trois dimensions du manager

Trois dimensions à posséder, travailler et entretenir...

- la **TÊTE**: ouverture, analyse, introspection;
- le **CŒUR**: souplesse, flexibilité, capacité d'adaptation, empathie;
- le **CORPS**: regard, gestuelle et posture justes, calme, forme physique élevée;

...afin d'obtenir la meilleure performance au regard des traits de personnalité et des capacités de chacun.

2. L'objectif poursuivi et les méthodes employées par le manager

Les différents styles d'animation qu'un manager peut utiliser poursuivent un objectif différent, comme le montre le tableau ci-dessous.

L'objectif : l'équipe et chacun des collaborateurs sont performants et satisfaits.

Quatre méthodes d'animation d'un collectif ou d'un individu au travail.

STRUCTURER

Donner de la méthode et de la sécurité à un collaborateur qui fait montre de beaucoup de motivation, mais qui manque encore de compétences.

CONVAINCRE

Adopter un mode de management moins directif et plus « orientant », permettant de mobiliser le « pourquoi terminer » l'action, avant de passer à autre chose de plus motivant pour lui.

FAIRE « PARTICIPER »

Le collaborateur est arrivé à un niveau de maturité professionnelle qui lui permet d'être associé aux décisions quant au choix des objectifs, des méthodes et des moyens employés.

RESPONSABILISER

À ce stade le collaborateur sait décider des objectifs qu'il se fixe, de la méthode et des moyens qu'il emploie, si tant est qu'il reste à l'intérieur d'un cadre fixé.

3. Les quatre styles de management dominants

La différence de style d'animation apparaît à travers le partage total, partiel, voire le « non-partage », entre le manager, son équipe et ses collaborateurs :

- de la définition des objectifs ;
- du choix des méthodes employées ;
- des moyens utilisés.

Il semble, voire il est admis, que plus l'équipe ou le collaborateur montent en compétence, plus le manager les laisse disposer de leur libre choix.

Les différents styles de management

	Étape 1 Directif	Étape 2 Persuasif	Étape 3 Participatif	Étape 4 Délégatif
Objectifs	Le collaborateur est performant et satisfait.			
Méthodes	Structurer.	Convaincre.	Associer.	Responsabiliser.
Niveau de compétence du collaborateur	Ne sait pas faire.	Sait faire mais avec quelques erreurs.	Maîtrise.	Expertise.
Contenu du travail	Tâche.	Activité.	Fonction.	Métier.
Niveau de motivation	Fort.	Faible.	Faible à moyen.	Fort.
Qui fixe les objectifs ?	Manager.	Manager.	Manager et collaborateur.	Collaborateur.
Qui fixe les méthodes et les moyens ?	Manager.	Manager.	Manager et collaborateur.	Collaborateur.

Le développement de l'autonomie du collaborateur dans le temps va permettre à ce dernier de mériter son « affranchissement ». Au stade ultime de son autonomie, il peut décider de son objectif, des méthodes et des moyens qu'il va employer, dans le respect des enjeux d'entreprise et des méthodes et moyens de l'organisation.

Le conseil de l'expert

Chaque manager est naturellement conduit à mettre en œuvre un style d'animation dicté par sa personnalité. Sa valeur ajoutée se situe dans sa capacité à adapter ses comportements à ses collaborateurs, de manière à les aider à améliorer leur niveau de développement personnel et de maturité professionnelle. Le chapitre 11 vous explique comment adapter son style de management à chaque collaborateur et développer son leadership.

LES QUESTIONS À SE POSER

Voir dans le chapitre 11 séquence 4, Les attitudes et comportements du leader.

- Quelle est ma dimension dominante : tête, cœur ou corps ?
- Quel est mon style de management dominant ? Est-il adapté ?

- Pour chacun de mes collaborateurs, quel est le style de management le plus adapté ?

Voir annexe 34 : Test – Quel est votre style de management ?

Pour conclure

Pour agir efficacement, un manager doit posséder cette flexibilité comportementale qui lui permet de passer d'un style d'animation à l'autre, selon les circonstances et le degré d'autonomie du collaborateur.

Piloter et mobiliser son équipe

Jean-Paul Lugan

2.1 Travailler en équipe : passer d'une somme d'individus à une équipe

2.2 Favoriser l'implication individuelle et collective

2.3 Accompagner les collaborateurs afin de développer leurs performances

2.4 Fixer des objectifs et mobiliser l'équipe

2.5 Mettre en place des tableaux de bord pertinents pour piloter l'équipe

TRAVAILLER EN ÉQUIPE : PASSER D'UNE SOMME D'INDIVIDUS À UN GROUPE

Gérer les différences

LES OBJECTIFS

- Prendre conscience des leviers d'action possibles pour faire d'un groupe, une équipe.
- Développer la performance collective et individuelle.

LE POINT DE DÉPART

« Les onze meilleurs joueurs ne forment pas le meilleur onze. » Conscient de cela, Jacques s'interroge car il ne sent pas son équipe solidaire et ses membres animés par les mêmes intentions. Il se demande par quels moyens il peut donner à ce collectif une cohésion (état d'esprit) et de la cohérence (système de jeu) à l'équipe.

L'ESSENTIEL

Le conseil de l'expert

La motivation de chacun ne suffit pas pour obtenir la performance la plus élevée. Il faut aussi que les comportements individuels aient une double orientation : satisfaire l'équipe et satisfaire leurs auteurs. Chaque joueur peut se faire plaisir techniquement si cela est utile à l'équipe. Pour y arriver, le manager ne peut se contenter d'un management individuel. Il se doit de faire vivre l'équipe en lui donnant un espace, du temps et des moyens afin qu'elle se retrouve, réfléchisse, décide des objectifs, des méthodes et des moyens à employer. En agissant ainsi, il permet au groupe de devenir une équipe où règnent la cohésion et la cohérence nécessaires à la performance.

1. Qu'est-ce qu'une équipe ?

Au départ, il y a un groupe. Un ensemble d'individus dont le seul objectif est la satisfaction de leurs ambitions ou de leurs désirs personnels. L'objectif du manager consiste à donner aux subordonnés une ambition collective à travers laquelle ils vont pouvoir satisfaire leurs objectifs personnels.

Les phases de construction d'une équipe

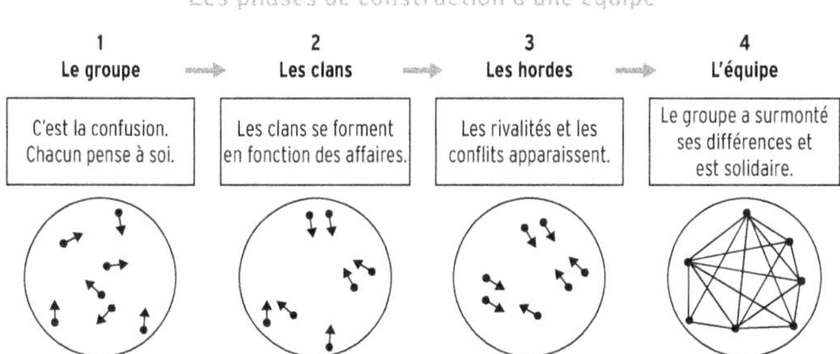

Le groupe va passer par différentes phases, allant de la confusion au copinage, puis du conflit à l'équipe, pour enfin atteindre une certaine maturité collective. Au fur et à mesure, le groupe se transforme en équipe pour, à terme, agir de concert et réussir collectivement. En agissant ainsi, les subordonnés se muent en collaborateurs. Habités par un esprit de corps, ils prennent conscience de l'interdépendance des acteurs entre eux et du fait que le succès de l'équipe favorise la réussite de chacun.

2. Les deux dimensions fondamentales : la cohésion et la cohérence

La construction de l'équipe passe par l'émergence puis par la consolidation des deux dimensions fondamentales : la cohésion et la cohérence.

LA COHÉSION

La cohésion constitue la « chair » et « l'âme » de l'équipe. La chair, car elle procure les énergies nécessaires pour atteindre le niveau de performance souhaitée. La cohésion est aussi le reflet de l'âme de l'équipe. Elle est le signe d'un état d'esprit positif, d'une ambiance constructive, de liens forts au sein du collectif et de la volonté de vivre ensemble sans lesquels l'équipe ne pourrait se mettre en mouvement et atteindre le succès.

LA COHÉRENCE

La cohérence constitue à la fois la « peau » et le « squelette » de l'équipe. La « peau » est la partie visible de la performance collective, celle qui montre un certain nombre de comportements utiles à l'équipe. Elle est aussi l'« ossature » de l'équipe, autrement dit l'organisation (méthodes et moyens) qui permet au collectif de trouver des « repères » méthodologiques autour desquels elle va agir.

LES SEPT SECRETS DE L'EFFICACITÉ D'UNE ÉQUIPE

La construction de la cohésion et de la cohérence passe par le respect d'un certain nombre de principes d'action, interdépendants les uns des autres, qui vont permettre à un collectif d'être efficace. Ils sont au nombre de sept et agissent sur le sens de l'action, la confiance du collectif, l'organisation des comportements et la gestion de l'énergie collective et individuelle.

- Le **sens** de l'action
  1. Avoir un objectif **commun**, **compris** et **accepté**.
  2. Se fixer des **délais**, des **priorités** et les respecter.
- La **conscience** du collectif
  3. Développer une prise de conscience de l'**interdépendance** entre les acteurs.
- L'**organisation** de l'action
  4. Avoir une **méthode** et une **organisation commune**, **reconnue**.
  5. Se donner des temps de réflexion, **concertation** sur le fonctionnement de l'équipe.
  6. Optimiser les **moyens** et leur utilisation.
- La gestion de l'**énergie** collective et individuelle
  7. Valoriser l'**avancement**, les **efforts** et les **réussites** de l'équipe.

3. Les dix conditions d'émergence

Pour autant, les sept secrets de l'efficacité collective ne suffisent pas à eux seuls pour transformer un groupe en équipe. Un certain nombre de conditions doivent être remplies.

- **La taille de l'équipe doit être limitée.** Afin de conserver un certain état d'esprit, la dimension du collectif doit être comprise entre trois et quinze personnes maximum.
- **Définir des objectifs concrets et positifs.** Le manager doit permettre au groupe d'avoir des objectifs à court terme (un mois). En agissant de la sorte, le manager rend possible la constitution d'une équipe en la focalisant autour d'un objectif commun.
- **Un projet spécifique pour l'équipe.** L'équipe doit être centrée rapidement autour d'une mission spécifique afin de construire son identité et sa singularité.
- **Le territoire de l'équipe doit être délimité**. Chaque membre agit de telle sorte qu'il soit centré sur les missions, les activités et les priorités du collectif.
- **Des indicateurs de résultats.** La contribution de l'équipe passe nécessairement par l'identification des indicateurs de résultats collectifs et individuels. L'équipe a besoin de ces critères de réussite pour agir dans le sens des priorités qu'elle s'est données.
- **Des talents complémentaires.** Afin de favoriser la cohésion et la cohérence du collectif, un manager doit s'attacher à ce que les membres de l'équipe possèdent des compétences complémentaires. En agissant ainsi, il renforce la reconnaissance et l'interdépendance des collaborateurs entre eux.
- **L'autonomie du groupe.** Dans le but de permettre au groupe de devenir une équipe, il faut lui donner une certaine autonomie qui lui permette de s'autoréguler en prenant les décisions qui sont conformes aux raisons d'être et de faire du groupe. Cette autonomie sera de plus en plus importante au fur et à mesure que les résultats seront là.
- **Un système d'information efficient.** Il doit y avoir au sein du collectif, un système d'information efficient qui permette à l'ensemble des acteurs de prendre connaissance d'un certain nombre d'informations comme les résultats de l'entreprise, de l'équipe et de chaque collaborateur.

- **Un accord sur les processus employés.** Afin que le système de jeu soit utilisé par l'ensemble des acteurs, la reconnaissance des processus employés doit être acquise.
- **Un manager leader.** Le manager doit posséder un certain charisme et leadership pour être en capacité de piloter et conseiller son équipe.

Les questions à se poser

- Ai-je un groupe ou une équipe ?
- Que fais-je pour favoriser la cohésion et la cohérence de mon équipe ?
- Ai-je les conditions pour faire émerger l'équipe ?

Pour conclure

Savoir gérer les différences, c'est donner à l'équipe toutes les chances d'exister et d'être performante.

FAVORISER L'IMPLICATION INDIVIDUELLE ET COLLECTIVE

Satisfaire les besoins de l'équipe tout en satisfaisant les besoins individuels

Les objectifs

- Prendre conscience de ce qui constitue la motivation collective et individuelle.
- Trouver les méthodes et moyens pour satisfaire les besoins collectifs et individuels.

Le point de départ

Rebecca a repris une équipe démotivée, sans âme, qui ne trouve pas les ressources pour s'impliquer, en faire plus, dans une période où l'investissement de chacun est nécessaire pour être performant. Comment doit-elle s'y prendre pour que la motivation collective et la motivation individuelle, intimement liées, conduisent son équipe à la réussite ?

L'essentiel

Le conseil de l'expert

Le manager favorisera aussi bien la motivation collective que la motivation individuelle par un choix juste de comportements adaptés aux besoins à satisfaire.

1. La motivation collective

Les différentes études et enquêtes de terrain font apparaître les besoins principaux à satisfaire pour qu'un groupe d'individus soit motivé pour agir ensemble.

Les besoins à satisfaire pour favoriser l'implication d'une équipe :

- le plaisir de travailler ensemble ;
- le défi ;
- une équipe qui gagne ;
- la volonté de progresser ;
- les liens avec d'autres salariés ;
- surmonter l'échec ;
- des objectifs adaptés ;
- des objectifs qui évoluent ;
- l'appartenance à un groupe ;
- une image de soi positive ;
- le règlement interne.

Voir annexe 2 : Fiche outil – Les actions à mener pour motiver son équipe.

Le manager peut trouver des exemples concrets d'actions à mener pour motiver les équipes. La liste est non exhaustive.

2. La motivation individuelle

Comme le souligne Abraham Maslow[1], tout individu est motivé par la satisfaction de besoins individuels. Ceux-ci sont classés en cinq catégories : besoins physiologiques, besoin de sécurité, besoin d'appartenance, besoin d'estime des autres et besoin de réalisation.

Voir annexe 1 : Fiche outil – La pyramide des besoins de Maslow.

Maslow souligne un point important : la satisfaction d'un besoin supérieur passe par la satisfaction du besoin des niveaux inférieurs.

En ce sens, on peut dire que la productivité d'un collaborateur (niveau 5) peut être dégradée si celui-ci ne se sent pas intégré dans

1. Psychologue et consultant américain qui a construit une théorie à partir des observations réalisées dans les années 1940 sur la motivation.

son équipe de travail (niveau 3), ou tout simplement s'il n'a pas bien dormi (niveau 1).

Il est intéressant aussi de noter qu'un individu se souviendra plus longtemps d'une augmentation de la satisfaction de ses besoins dans les niveaux élevés que dans les niveaux bas. Par exemple, on se souvient généralement plus longtemps d'un compliment sur son travail (niveau 4) que d'une augmentation de salaire.

Les attitudes et comportements du manager peuvent motiver individuellement chaque collaborateur.

Les actions à mener pour motiver les membres de son équipe

Besoins	Attentes du collaborateur	Attitudes et comportements du manager	Attitudes et comportements de l'entreprise
Besoins physiologiques	Respirer, boire, éliminer, manger, etc.	Veiller aux conditions de travail et au versement des salaires.	- Appliquer la loi sur les conditions d'hygiène. - Rémunérer ses salariés.
Besoin de sécurité	Physique : ne pas mettre sa santé en danger.	- Veiller à ce que le travail ne soit pas épuisant pour le salarié. - Veiller à ce qu'un salarié épuisé rentre chez lui.	Appliquer le droit du travail et des conditions d'emploi.
	Psychologique : avoir le droit à l'erreur.	- Autoriser l'erreur. - Protéger et assumer les responsabilités qui sont les siennes. - Définir des objectifs concrets précis et réalistes.	Cultiver le goût du risque et autoriser le droit à l'erreur.
	Professionnelle : être formé, pouvoir évoluer, type de contrat, etc.	- Évaluer, accompagner et former ses collaborateurs. - Soutenir ses collaborateurs dans leurs demandes « justifiées » de mobilité horizontale ou verticale.	- Être ambitieux pour soi et ses salariés. - Générer de la croissance afin de favoriser la mobilité. - Dégager des budgets formation.
Besoin d'appartenance	Appartenir à un collectif, recevoir de l'aide et de l'affection.	- Protéger chaque individu au sein du collectif en lui donnant la même importance. - Donner la parole à chacun et agir sans préférence.	- Mettre en œuvre une information ascendante. - Prendre en compte des remontées d'informations.

…/…

Les actions à mener pour motiver les membres de son équipe (suite)

Besoins	Attentes du collaborateur	Attitudes et comportements du manager	Attitudes et comportements de l'entreprise
Besoin d'estime des autres	Avoir une reconnaissance financière et verbale.	- Valoriser verbalement les efforts et les réussites obtenues. - Attribuer des primes de résultat.	- Élaborer une politique de rémunération veillant à valoriser et donner l'énergie nécessaire aux collaborateurs méritants.
Besoin de réalisation	Être créatif, évoluer.	- Valoriser et vendre à la hiérarchie les « bonnes idées » du collaborateur. - Accepter que son collaborateur participe à des groupes de projets.	- Mettre en place une démarche d'amélioration continue de la performance qui prend en compte les « bonnes idées » de chacun.

Les questions à se poser

- Ai-je des collaborateurs démotivés ?
- Quels sont les motifs de leur démotivation ?
- Qu'ai-je déjà mis en œuvre ?
- Que puis-je faire pour résoudre cela ?

Pour conclure

La motivation est à la base de l'action. Un manager doit veiller à comprendre et satisfaire les besoins de l'équipe et de ses membres. C'est à ce prix que le collectif aura de l'énergie pour agir.

ACCOMPAGNER LES COLLABORATEURS AFIN DE DÉVELOPPER LEURS PERFORMANCES

Encourager la performance collective tout en reconnaissant la contribution individuelle

Les objectifs

- Accompagner l'équipe et chaque collaborateur vers le succès.
- Donner à l'équipe, comme à chaque collaborateur, les « repères » et les moyens nécessaires à son développement.

Le point de départ

Fabien a compris les rouages de la motivation collective et individuelle. Il a prévu un certain nombre d'actions. Pour autant, il lui reste à évaluer son équipe et chacun de ses collaborateurs afin de mettre en place une stratégie d'actions qui les conduise à la réussite.

Comment s'y prendre ? De quels outils le manager a-t-il besoin ? Sont-ils simples à utiliser car le manager manque de temps ? Comment faire pour avoir une analyse efficace et convaincante auprès des collaborateurs ?

L'essentiel

Le conseil de l'expert

Pour développer les performances de l'équipe et de ses membres, le manager-entraîneur va agir en trois temps :

- évaluer les différents degrés de maturité des collaborateurs et le niveau d'autonomie de l'équipe ;
- décider en commun des objectifs appropriés pour développer la compétence ;
- valider la stratégie et accompagner chaque membre dans la réalisation.

1. Déterminer les quatre types de collaborateurs

Au regard des deux paramètres que sont la motivation et la compétence, il est possible d'évaluer le degré de maturité de chacun des équipiers au sein du collectif. Une approche schématique a le mérite de permettre une vision globale du niveau d'autonomie général de l'équipe. Elle se complète ultérieurement d'une démarche plus spécifique orientée vers les collaborateurs.

Les quatre types de collaborateurs selon leur degré d'autonomie

Niveau de performance	Niveau d'autonomie	Catégorie de collaborateurs	Observations
Élevé	Fort	Les collaborateurs « **très motivés et très compétents** »	Ils sont très autonomes et sont reconnus comme les piliers de l'équipe. D'un niveau de performance élevé, ils contribuent largement à la réussite de l'équipe.
Moyen	Modéré	Les collaborateurs « **peu motivés et très compétents** »	Deux catégories : – les salariés ayant une longue ancienneté à quelques années de la retraite ; – les salariés frustrés ou mal gérés.
Insuffisant	Faible	Les collaborateurs « **très motivés et peu compétents** »	Deux catégories : – les « juniors » ; – les salariés ayant pris un poste dans l'équipe suite à une reconversion.
Faible	Très faible	Les collaborateurs « **peu motivés et peu compétents** »	Remarque : « Il n'y a pas de salariés incompétents dans l'entreprise. Il y a juste des salariés qui ne sont pas à leur place. »

2. Évaluer le degré de maturité de l'équipe

En se servant de la cartographie des niveaux d'autonomie, le manager élabore une représentation rapide et pertinente de son équipe au regard de la performance globale de chacun de ses collaborateurs.

Cartographie des niveaux d'autonomie de l'équipe

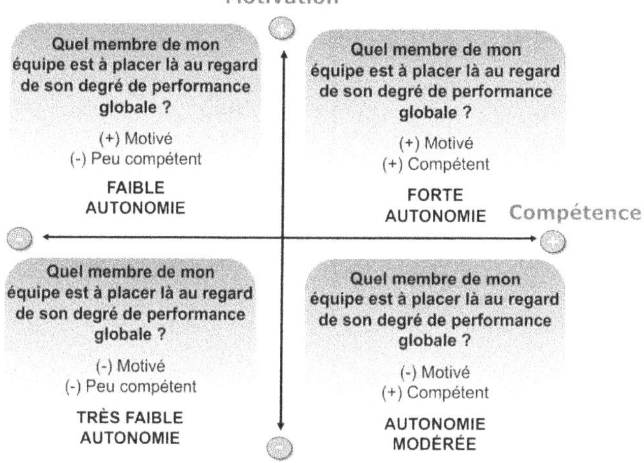

Établie sur son équipe, cette cartographie donne au manager une vision synthétique de la maturité professionnelle de son collectif et de la performance qu'il peut raisonnablement exiger.

Voir annexe 42 : Exemple – Cartographie des niveaux d'autonomie de l'équipe.

3. Évaluer le degré d'autonomie de chacun des collaborateurs

Après avoir établi la cartographie du degré de maturité de l'équipe, le manager conduit la même démarche pour chacun des membres de son équipe. Pour établir cette représentation, il agit en deux temps :

1. Lister les tâches confiées à ses collaborateurs.
2. Pour chaque collaborateur, évaluer le niveau de performance par rapport à chacune des tâches confiées.

4. Décider des actions adéquates et accompagner les collaborateurs

Pour chaque niveau de performance et de degré d'autonomie, un certain nombre de moyens sont prévus pour permettre au manager d'agir et accompagner son collaborateur vers ses objectifs.

Moyens d'actions selon les niveaux d'autonomie

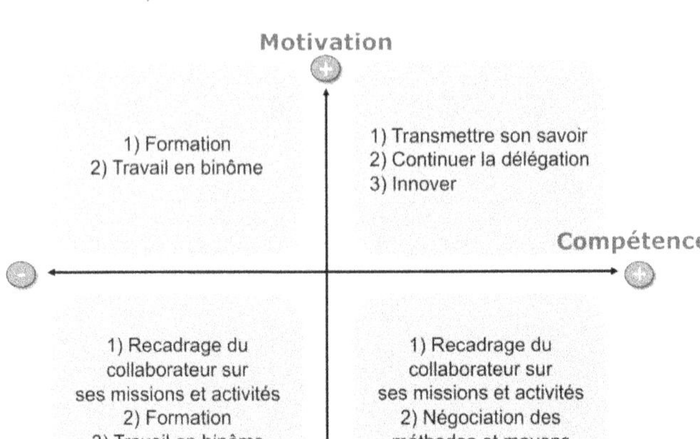

À partir de la cartographie qu'il a établie, le manager peut envisager un certain nombre d'actions afin de faire progresser chaque collaborateur.

Les questions à se poser

- Qu'ai-je fait ces trois dernières années pour développer mon équipe et chacun de mes collaborateurs ?
- Quel est le degré de maturité professionnelle de mon équipe ? Quelles actions vais-je mettre en œuvre pour développer sa performance ?
- Quel est le niveau d'autonomie de chaque collaborateur ?
- Comment vais-je les accompagner ?

Pour conclure

Développer la cohésion et la cohérence à travers un entretien régulier des compétences et des motivations garantit la performance de l'équipe et de chacun de ses membres.

FIXER DES OBJECTIFS ET MOBILISER L'ÉQUIPE

Donner du sens à l'action collective tout en favorisant le développement de chacun

Les objectifs

- Donner du sens à l'action.
- Planifier le développement des personnes.

Le point de départ

Audrey fait un inventaire des forces et des faiblesses de l'équipe et de chacun de ses collaborateurs. Il lui faut maintenant terminer son projet pour l'équipe en construisant pour l'année à venir la feuille de route du collectif et de ses membres. Cela passe par la définition d'objectifs collectifs et individuels, d'activités et de progrès, porteurs de sens. Une seule question se pose à elle : comment définir des objectifs qui soient réalistes et motivants ?

L'essentiel

1. Qu'est-ce qu'un objectif ?

Un objectif est ce que je veux obtenir de l'équipe ou de mes collaborateurs au regard des enjeux d'entreprise et des besoins du service. En ce sens, un objectif est un état à atteindre (destination) et non une action à réaliser ou des moyens à employer, éléments constitutifs d'un chemin à prendre.

Le conseil de l'expert

Un manager orienté « solutions » définit généralement un objectif alors qu'un manager orienté « problèmes » impose la méthode sans exprimer d'objectif.

Trois étapes et trois questions à se poser pour définir un objectif collectif ou individuel :

- Étape 1 : quel est l'objectif que je veux que mon équipe/mon collaborateur atteigne au regard des enjeux d'entreprise ?
- Étape 2 : comment mon équipe/mon collaborateur va s'y prendre pour atteindre son objectif ?
- Étape 3 : de qui ou de quoi a-t-elle/il besoin pour atteindre son objectif ?

Vérifier la cohérence entre la destination (objectif) choisie et le chemin pris (méthodes et moyens utilisés). Une question à se poser : la méthode choisie et les moyens employés permettent-ils d'atteindre l'objectif ?

2. Les étapes et les éléments constitutifs dans la construction d'un objectif

Il y a cinq étapes à franchir pour définir correctement un objectif et qu'il soit porteur de sens :

1. Définir l'objectif : que veux-je atteindre ?
2. Définir la méthode : comment vais-je faire pour atteindre mon objectif ?
3. Décider des moyens à employer : de qui et de quoi ai-je besoin ?

Se demander :

→ s'il y a une autre méthode ;

→ si les moyens sont en cohérence avec les objectifs.

4. Décrire les indicateurs quantitatifs : combien dois-je en faire pour dire que mon objectif est atteint ?
5. Décrire les indicateurs qualitatifs : quelle qualité dois-je avoir pour atteindre pleinement mon objectif ?

3. Les deux catégories d'objectifs

- **Objectif permanent** : représentatif de l'activité du collaborateur. Exemple : réaliser un chiffre d'affaires de 300 000 euros sur l'année.
- **Objectif temporaire** : concerne les objectifs de développement des compétences. Exemple : développer son écoute pour mieux cerner le besoin du client, répondre à son besoin et satisfaire ses attentes.

4. Les conditions de fixation d'un objectif : être SMART

SPÉCIFIQUE

- L'objectif a-t-il un objet précis et concret ?
- Est-il un objectif de progrès ?

MESURABLE

- Le résultat est-il facilement observable ou mesurable ?
- Les indicateurs de réalisation sont-ils aisément quantifiables et qualifiables ?
- Fait-il l'objet de points de contrôle périodique (semaine, mois, etc.) ?
- Fait-il l'objet d'une évaluation lors de l'entretien annuel ?

AMBITIEUX

- Est-il citron (stressant) ou matelas (facile à obtenir) ?
- L'objectif est-il stimulant car exigeant sans être inaccessible ?

RÉALISABLE

- Est-il sous le contrôle de l'individu ?
- Les moyens sont-ils mis à disposition du collaborateur ?
- L'objectif est-il fixé au regard des contraintes, du pouvoir faire, du vouloir faire et du savoir-faire du collaborateur ?

TEMPORAIRE

- La durée est-elle supérieure à un an ?
- L'objectif est-il reconductible année après année ?

5. Plan de rédaction d'un objectif

Rédiger un objectif nécessite de commencer par l'objectif, de continuer par le choix de la méthode et l'identification des moyens nécessaires, et enfin de définir des indicateurs quantitatifs et qualitatifs.

Le plan de rédaction d'un objectif

Objectif	Pour quoi « faire », qu'est-ce que je veux obtenir de l'équipe ou de mes collaborateurs ?
Méthode	Comment l'équipe ou mon collaborateur doivent-ils s'y prendre ?
Moyens	Avec qui (RH) ou quoi (ressources matérielles ou immatérielles) ?
Indicateurs quantitatifs	Quel chiffre l'équipe ou le collaborateur doivent-ils atteindre pour parvenir à leur objectif ?
Indicateurs qualitatifs	Comment est-ce que je mesure la qualité du travail de l'équipe ou du collaborateur ?

6. Accompagner les objectifs : élaborer le plan d'actions

Une fois l'objectif défini, il reste à élaborer un plan d'actions avec son collaborateur, de façon à ce qu'il ait sa feuille de route. Le plan d'actions constitue aussi une preuve matérielle des engagements respectifs du manager et de son collaborateur.

Le plan d'actions d'un objectif

Objectif		
Indicateurs quantitatifs		
Indicateurs qualitatifs		
Étapes	**Ressources**	**Échéances**
Par quoi doit-il commencer ?	De quelles ressources (humaines, financières, matérielles, etc.) a-t-il besoin à chaque étape de son plan d'actions ?	Quand doit-il avoir fini cette étape ?

Le manager doit organiser des points de contrôle avec son collaborateur. Ceux-ci doivent avoir normalement lieu au terme de chaque étape.

Les questions à se poser

- Est-ce que je définis des objectifs dans mon unité ?
- Les objectifs que je définis sont-ils motivants ?

- Est-ce que la méthode et les moyens choisis sont en cohérence avec l'objectif ?
- Mon collaborateur a-t-il l'objectif sous son contrôle ?
- Est-ce que j'organise des points de contrôle avec chacun de mes collaborateurs ?

Pour conclure

La performance est le résultat de la compétence et de la motivation de chacun, portées par des objectifs (SMART).

Voir annexe 3 : Fiche outil – Fixer un objectif SMART.

METTRE EN PLACE DES TABLEAUX DE BORD PERTINENTS POUR PILOTER L'ÉQUIPE

Mettre en place des repères clairs sans monter une usine à gaz

LES OBJECTIFS

- Piloter l'équipe de façon efficace au regard de la stratégie d'entreprise.
- Se donner des repères sur l'évolution de l'équipe, la performance collective et individuelle.
- Contrôler de façon permanente la conformité des résultats de l'équipe au regard des enjeux d'entreprise.
- Constater, analyser, décider des ajustements nécessaires.
- Rendre compte à sa hiérarchie et réciproquement.

LE POINT DE DÉPART

Alain a aujourd'hui mis en place un certain nombre d'actions à l'aide des différents outils d'analyse dont il a pu prendre connaissance. Pour autant, il veut être en capacité de suivre périodiquement son équipe à l'aide de tableaux de bord. Il se sent comme le pilote d'une voiture privée d'instruments de bord. Comment savoir s'il va trop vite ou trop lentement ? Quels types de tableaux de bord, quels indicateurs pertinents utiliser, etc. ?

L'ESSENTIEL

Le conseil de l'expert

Cela nécessite de se construire un certain nombre d'instruments de pilotage ayant des indicateurs pertinents au regard de l'activité. Un tableau de bord peut être aussi constitué en fonction des besoins du destinataire (actionnaires, direction d'entreprise, contrôleur de gestion, etc.). Ces indicateurs peuvent être rangés sous trois catégories:

- tableau de performance globale du service;
- tableau de performance de l'équipe;
- tableau de compétence de l'équipe et des collaborateurs.

1. Le rôle des indicateurs

Le choix des indicateurs dépend des enjeux de l'entreprise à moyen terme et du service ou produit rendu par l'équipe. Les indicateurs peuvent être regroupés en quatre grandes catégories: financiers, de production, de dysfonctionnements, sociaux.

INDICATEURS FINANCIERS

- Expriment la rentabilité de l'entreprise.
- Donnent des repères pour chaque service sur les coûts de fonctionnement.

Quelques exemples:

- → le budget établissement, service, etc.;
- → les coûts (approvisionnement de matière première, de production des produits, de livraison, etc.);
- → les pénalités.

INDICATEURS DE PRODUCTION

- Traduisent les volumes d'activité (nombre de produits, de services rendus aux clients, etc.).
- Présentent les étapes intermédiaires (avancée de la production à obtenir ou des projets mis en œuvre).
- Permettent la recherche de maximisation de la performance de l'équipe et plus généralement de ce que l'entreprise attend.

Quelques exemples :

- → le chiffre d'affaires ;
- → le nombre de produits fabriqués ;
- → le nombre d'heures travaillées.

INDICATEURS DE DYSFONCTIONNEMENTS

- Expriment les insuffisances de production (produits mal fabriqués, cassés, matières premières endommagées, etc.).
- Signifient les réductions (de coûts, de délais de production, d'écarts entre la performance attendue et la performance réalisée, etc.) à opérer.

Quelques exemples :

- → le nombre de produits mal façonnés ;
- → les kilos de matières premières endommagées ;
- → le nombre de mises au rebut.

INDICATEURS SOCIAUX

- Informent sur les conditions de motivation, de climat social, de pénibilité du travail, etc.

Quelques exemples :

- → le taux d'absentéisme, de conflits, d'actions prud'homales, etc. ;
- → le taux d'accidents du travail, de maladies.

2. Le choix des indicateurs au regard des facteurs clés de succès

Le choix des indicateurs dépend des enjeux d'entreprise et des facteurs clés de succès qui en résultent.

À titre d'exemple, quelques facteurs clés de succès :

- améliorer la qualité de service ;
- développer des produits ou services innovants ;
- augmenter les parts de marché ;
- fidéliser les clients importants ;
- développer les compétences clés de l'organisation ;
- accroître la satisfaction client ;

- réduire les temps d'approvisionnement en matière première, de production et de livraison des produits finis;
- augmenter la marge clients.

3. Le tableau de bord de performance globale

Les informations utiles au pilotage de l'équipe ne sont pas seulement économiques. Elles peuvent porter aussi sur des dimensions telles que le service clients, la gestion des coûts, l'implication du personnel, etc.

Voir annexe 44 : Exemple – Le tableau de bord.

TABLEAU DE PERFORMANCE DE L'ÉQUIPE ET DES COLLABORATEURS

Pour piloter une équipe, le manager a besoin d'un certain nombre d'informations lui permettant d'apprécier la performance individuelle de chacun des collaborateurs et, par addition, de celle de l'équipe. La liste des indicateurs et des objectifs n'est pas exhaustive.

Voir annexe 44 : Exemple – Le tableau de bord.

TABLEAU DE BORD DES COMPÉTENCES DE L'ÉQUIPE ET DES COLLABORATEURS

Il est important de connaître le degré de maîtrise de l'équipe quant à l'accomplissement de ses missions. En analysant pour chaque collaborateur son niveau de compétence au regard des tâches à accomplir, il est possible de dresser une cartographie des forces et faiblesses de l'équipe.

Voir annexe 44 : Exemple – Le tableau de bord.

LA COMMUNICATION DES TABLEAUX DE BORD

La communication des tableaux de bord par le manager doit être ascendante (hiérarchie) et descendante (équipe et collaborateurs). Cette communication doit s'accompagner d'éléments explicatifs et de solutions correctives.

La fréquence dépend du rythme de la production de biens ou de services de l'unité. Elle peut être quotidienne, hebdomadaire ou mensuelle.

Les questions à se poser

- Quels sont les facteurs clés de succès de l'entreprise ?
- Au regard des facteurs clés de succès, quels pourraient être les indicateurs financiers, de production, de dysfonctionnements, sociaux, etc. ?
- Comment vais-je pouvoir relever les informations ?
- De quel tableau de bord ai-je besoin ?

Pour conclure

Pour piloter une équipe, le manager doit disposer d'instruments de bord qui traduisent objectivement la réalité de l'activité, tant sur le plan économique que social ou productif. Les tableaux de bords permettent de donner du sens, de recadrer et d'apporter des solutions correctives.

S'organiser, organiser et suivre l'activité de son équipe

Catherine Berliet

3.1 Auditer son temps pour maximiser son organisation

3.2 Construire et rationaliser son temps pour le reconquérir

3.3 Rationaliser le recours aux réunions

3.4 Orchestrer et réguler le temps de son équipe

3.5 Déléguer pour motiver et responsabiliser

AUDITER SON TEMPS POUR MAXIMISER SON ORGANISATION

Analyser ses pratiques et passer de l'efficacité à l'efficience

Les objectifs

- Faire l'état des lieux de son mode organisationnel.
- Identifier ses voleurs de temps.
- Comprendre sa relation au temps.

Le point de départ

Lucie est chef d'entreprise et travaille douze heures par jour, six jours sur sept. Depuis que sa PME s'est développée, elle voit sa charge de travail s'intensifier, ses missions s'alourdir, les sollicitations augmenter, l'environnement changer et se complexifier. Ses plannings sont chargés, ses objectifs et ses priorités flous et mal définis. Une seule certitude: son métier ressemble plus au métier de pompier qu'au métier d'entrepreneur. Elle passe les trois quarts de son temps à éteindre des feux successifs et à parer au plus pressé. Submergée et dépassée par ce flot d'activités, elle fait l'impasse sur la réflexion stratégique, mais aussi sur sa famille et ses temps de loisirs. Pourtant, en s'inscrivant dans le cercle vertueux de la réflexion, de l'efficience et de l'anticipation, elle pourrait maximiser son organisation. Dès lors, elle réalise qu'une gestion pertinente de ses activités nécessite une approche « plus distanciée » et moins soumise au TTU (très, très urgent). La première étape vers ce changement de comportement passe d'abord par un audit de ses pratiques organisationnelles et une compréhension de sa relation au temps.

L'ESSENTIEL

1. Les fausses idées reçues

- Bien gérer son temps, c'est être efficace et réactif.
- La relation au temps est la même pour tous.
- Les nouvelles technologies ont mis du chaos dans les organisations.
- Le temps intuitif apporte un éclairage suffisant pour notre organisation.
- Les temps partagés (réunions) sont des voleurs de temps inévitables.

2. Les principes de base

- L'efficacité et la réactivité sont « le minimum syndical », gérer son temps c'est être efficient et proactif.
- Notre relation au temps est conditionnée par le schéma cognitif auquel nous appartenons (cerveau gauche, cerveau droit).

Voir annexe 35 : Test – À quel schéma cognitif appartenez-vous ?

- Les nouvelles technologies favorisent l'instantanéité et la transmission d'informations.
- Il existe des règles et des lois qui gouvernent notre temps.
- Les temps partagés peuvent être rationalisés (réunions, téléphones).

3. Quelle méthodologie ?

Une réflexion approfondie sur l'organisation personnelle de son travail et une vision à 360° de la répartition de ses principales missions facilitera « le diagnostic temps » et la mise en place des correctifs appropriés. Cette phase de préparation et d'anticipation favorise la restructuration de son temps et s'inscrit dans une démarche plus volontariste qu'intuitive.

Voir annexe 9 : Fiche outil – La fiche d'analyse des temps.

Une approche ciblée de sa relation au temps c'est :

- **Établir l'inventaire des missions clés** de sa fonction avec une synthèse graphique.
- **Auditer ses pratiques organisationnelles :**
  - → pointer ses dérives ;
  - → analyser ses temps.

- **Repérer ses voleurs de temps.**
- **Connaître son fonctionnement chronobiologique :**

Voir annexe 36 : Test – Identifier vos voleurs de temps.

→ établir sa courbe d'efficacité personnelle sur une journée et la superposer avec la courbe de dérangement de son service ;

→ positionner la bonne action au bon moment.

- **Identifier son schéma cognitif.**

Roger Sperry, prix Nobel de médecine, a conduit des recherches sur notre fonctionnement cérébral. Ses enquêtes expérimentales l'ont amené à identifier deux modes de fonctionnement très différents selon que nous privilégions l'usage de notre hémisphère droit ou l'usage de notre hémisphère gauche. Ainsi, ces préférences cognitives induisent des comportements naturellement plus organisés chez les cerveaux gauches et une capacité de synthèse plus élaborée chez les cerveaux droits. Les uns auront besoin de tous les détails pour finaliser un projet, alors que les autres se focaliseront essentiellement sur le résultat à atteindre. Une approche diamétralement opposée, qui stigmatise certaines incompréhensions dans l'entreprise. Intégrer ces différences permet de comprendre les lacunes organisationnelles des uns et de mettre en place les complémentarités de l'équipe.

Voir annexe 35 : Test – À quel schéma cognitif appartenez-vous ?

Les fonctions spécifiques des deux hémisphères

Cerveau gauche	Cerveau droit
Rationnel	Irrationnel
Logique	Intuitif
Pragmatique	Imaginatif
Factuel	Créatif
Séquentiel	Simultané
Analytique	Synthétique
Objectif	Subjectif
Axé sur le présent	Axé sur le futur
Attaché aux détails	Holistique
Opérationnel	Conceptuel
Doué pour les chiffres	Associe les idées
Organisé	Désordonné
Méthodique et rigoureux	Improvise
Aime les habitudes	Aime le changement

- **Prendre conscience des injonctions qui nous gouvernent**

Voir annexe 12 : Fiche outil – Le rapport au temps de l'équipe.

Le conseil de l'expert

Considérer que la phase introspective et analytique est une étape indispensable. Disséquer ses pôles d'activité et leur associer une valeur « temps » permet d'opérer ensuite une réingénierie de ses pratiques.

Les questions à se poser

- Ma charge de travail est-elle trop importante ?
- Mon schéma cognitif me prédispose-t-il à certaines attitudes contre-productives ?
- Mon environnement favorise-t-il la concentration ?
- Ma réactivité prend-elle le pas sur ma proactivité ?
- Mon emploi du temps prévoit-il une réflexion sur l'amélioration de mes pratiques ?

Pour conclure

L'état des lieux de la relation au temps que nous entretenons apporte un éclairage instructif sur nos comportements et illustre le fait que nous vivons essentiellement dans un « temps subi ». Se défaire de ses habitudes, de ses « cages mentales », « *a priori* » ou préjugés constitue le premier pas vers « un temps choisi et/ou rationalisé », préalable à une bonne gestion de son stress.

CONSTRUIRE ET RATIONALISER SON TEMPS POUR LE RECONQUÉRIR

Prioriser, séquencer, planifier…

Les objectifs

- Prioriser et privilégier les tâches à forte valeur ajoutée.
- Redonner sa place au moyen et long terme.
- Instaurer une écologie relationnelle qui régule les temps partagés.

Le point de départ

Lucie va maintenant reconstruire son temps en tenant compte de nouveaux paramètres qui engloberont à la fois méthodologie, lois de gestion du temps et exploitation d'outils appropriés.

L'essentiel

1. Mettre en œuvre

Gagner du temps dans sa façon de s'organiser, c'est utiliser concrètement des méthodes.

SE FIXER DES OBJECTIFS

Voir annexe 3 : Fiche outil – Fixer un objectif SMART.

Définir les actions à mener pour gagner du temps (exemple : réduire de 10 % les temps partagés). Un objectif doit être SMART, c'est-à-dire spécifique, mesurable, ambitieux, réaliste et dans un temps donné.

LISTER, PRIORISER ET SÉQUENCER LES TÂCHES

1. Noter et décider des tâches à privilégier en s'interrogeant :

- qui est le demandeur ? (pair, collègue, N + 1) ;
- quel sera l'impact d'un retard sur le travail des autres ?

- cette tâche me rapproche-t-elle de mes objectifs ?
- cette tâche fait-elle partie du cœur de ma mission ?
- qui pourra m'aider ou me remplacer ?
- quels sont les délais ? Quelles sont les dates butoirs ? (Réalistes, optimistes.)

2. Hiérarchiser en utilisant la matrice d'Eisenhower[1] :

- **est urgent** ce qui ne peut attendre et qui présente une échéance proche ;
- **est important** ce qui est essentiel et qui a une valeur, un intérêt, un rôle considérable.

Important non urgent **2** Planifiable	**Important et urgent** **1** Incontournable
Non important et non urgent **4** Délégable	**Non important et urgent** **3** Négociable

Résister à la pression de l'urgent et redonner ses lettres de noblesse à ce qui est réellement important et constitue le cœur de son métier.

En synthèse :

- privilégier la tâche importante et urgente ;
- continuer avec la tâche importante et non urgente ;
- poursuivre avec les activités non importantes et urgentes ;
- terminer par ce qui est non important et non urgent.

3. Évaluer le temps nécessaire à chaque activité et préciser les échéances :

- borner son temps et celui des autres avec précision (éviter les termes flous) ;
- intégrer les principes du temps :

1. Général américain qui organisa le débarquement de la Seconde Guerre mondiale en déterminant les tâches prioritaires selon leur degré d'urgence et d'importance.

- « prévoir 20 % de son temps pour les imprévus » ;
- « appliquer la loi de Pareto » ou « loi des 80-20 » : « 20 % de nos activités produisent 80 % de nos résultats. L'essentiel prend 20 % de temps et l'accessoire en prend 80 %. » Identifier les activités qui produiront le plus de résultat, pour les positionner en priorité : se concentrer sur L'**essentiel**.

PLANIFIER LA JOURNÉE, LA SEMAINE, LE MOIS, L'ANNÉE...

Programmer les actions à mener et utiliser les outils qui en optimisent la visibilité.

Encourager l'anticipation et la mise en commun de l'information, éviter les doublons et utiliser les outils appropriés :

- les logiciels de gestion (Outlook, Lotus note...) ;
- l'assistant personnel ;
- l'agenda papier pour les « papivores » ;
- le plan de journée ou « plan de vol » formalise la planification et permet de visualiser ses tâches et activités ;
- le cahier pour noter au kilomètre ses idées, ses objectifs, ses questions, etc.

Voir annexe 10 : Fiche outil – Le plan de journée.

2. Assurer le suivi, le contrôle et le pilotage

Se réapproprier le « Kaisen[1] ». Cette démarche qualité est constituée de bilans successifs permettant d'identifier ses axes d'amélioration :

- revenir systématiquement sur l'action engagée pour éliminer voleurs de temps et dysfonctionnements, et gagner en productivité et en efficience ;
- s'inscrire dans une dynamique communicationnelle qui privilégie la clarté et encourage l'expression de soi sur un mode assertif, en osant dire « non » pour tenir ses priorités et ses temps.

PRIVILÉGIER UNE ATTITUDE RELATIONNELLE « ASSERTIVE »

La qualité de la relation aux autres et du temps partagé joue sur la maîtrise du temps. Le « oui à tout prix » nous entraîne souvent plus loin que prévu et génère des dérives importantes.

1. Concept managérial japonais d'amélioration personnelle et professionnelle continue.

1. Savoir dire « non » :
- différencier la personne de la sollicitation ;
- faire spécifier la demande (reformulation) ;
- respecter les trois temps du « non » sans jamais dire non :
  - → **« oui, je vous ai compris »** (accusé de réception et non pas acquiescement) ;
  - → **« et dans le même temps »** (possibilité d'exposer ses désaccords ou objections) ;
  - → **« voilà ce que je vous propose »** (reprendre la main en donnant des dates et entamer une négociation).

2. Réguler les flux d'informations :
- réunions ;
- appels téléphoniques entrants : instaurer des règles du jeu et fluidifier ses temps partagés. Mettre son téléphone sur messagerie.

Voir séquence 4 de ce chapitre : Orchestrer et réguler le temps de son équipe.

3. Se protéger des sollicitations extérieures :
- pratiquer la politique de la porte fermée ;
- prendre des rendez-vous avec soi sur son agenda (*pour les activités nécessitant une forte concentration).*

Le conseil de l'expert

Être un stratège du temps c'est jouer la proactivité et penser non plus efficacité mais efficience... Et garder en tête qu'il faut savoir perdre du temps pour en gagner ensuite.

LES QUESTIONS À SE POSER

S'interroger sur ses pratiques : quinze questions à se poser.
- Ai-je prévu 20 % de mon temps pour les imprévus ?
- Ai-je regroupé mes tâches et borné mon temps ?
- Ai-je privilégié le **FIFO** (*first in first out*) au **LIFO** (*last in first out*) ?
- Ai-je prévu des séquences d'une heure trente ?
- Ai-je pratiqué la politique de la porte fermée pour mieux me concentrer ?
- Ai-je mis les règles du jeu et les règles du « je » ?
- Ai-je dit « oui » en pensant « non » ?

- Ai-je fait preuve de créativité pour simplifier mes tâches ?
- Ai-je tenu compte de mes pics de performance pour planifier mes activités ?
- Ai-je résisté à la tentation de consulter mes mails plus de trois fois par jour ?
- Ai-je fait le bilan de mes pratiques et méthodologies ?
- Ai-je identifié mes activités à forte valeur ajoutée ?
- Ai-je passé mes coups de fil en rafale ?

Voir séquence 5 de ce chapitre : Déléguer pour motiver et responsabiliser.

- Ai-je pensé à déléguer ?
- Ai-je positionné le plus difficile, le plus long, ce que je sais le moins bien faire, en premier ?

Pour conclure

S'inscrire dans un programme d'efficacité demande discipline, rigueur et ascèse, Lucie l'a bien intégré. Si elle veut partir « À la recherche du temps perdu », elle devra faire évoluer ses réflexes individuels et s'obliger à une remise en question permanente. Trouver des temps pour la réflexion et l'anticipation, ne plus être dans la seule réactivité, se distancier ; c'est à ce prix qu'elle deviendra le stratège que nécessite sa fonction ; à ce prix aussi qu'elle harmonisera temps personnel et temps professionnel.

RATIONALISER LE RECOURS AUX RÉUNIONS

Organiser des réunions efficaces sans tomber dans la « réunionnite aiguë »

Les objectifs

- Conduire une réunion et optimiser l'efficacité des échanges.
- Orchestrer et dynamiser un groupe de travail.
- Motiver chacun des contributeurs sur une participation active.
- Rendre efficients ces temps partagés.

Le point de départ

La « réunionnite » est un mal qui se répand dans les entreprises. « Chronophages », les réunions occupent le peloton de tête des voleurs de temps des cadres. Julien en fait les frais au quotidien dans son service. Il est devenu « accro » aux réunions qui viennent rythmer ses journées : de l'incontournable à celle où il faut être vu, en passant par la superfétatoire... Même si ces temps d'échange créent du lien et de la valeur, ils cannibalisent son emploi du temps et stigmatisent un manque d'efficacité patent. Il sait aussi que ce ne sont pas les réunions les plus longues qui génèrent le plus de résultats.

En observant le mode de fonctionnement des Anglo-Saxons à propos de la conduite de réunions, un constat s'impose : ils ont compris toutes les arcanes et les difficultés de ces temps partagés. Pour mieux les réguler, ils y ont introduit rigueur et discipline, et commencent à faire des émules dans la communauté des entreprises françaises. Julien a intégré l'idée de modéliser cette dynamique d'efficience et de la déployer à son tour.

L'ESSENTIEL

1. Les fausses idées reçues

- Manquer une réunion c'est se priver d'informations capitales.
- Se cantonner à l'ordre du jour c'est se mettre des barrières.
- Mettre les règles du jeu rigidifie les rencontres.
- « Digresser » au cours d'une réunion introduit de la convivialité.
- Attendre l'arrivée de tous pour commencer est la moindre des choses.
- Structurer une réunion empêche toute créativité de germer.

2. Les principes de base

- S'assurer de l'opportunité de la réunion.
- S'interroger sur la pertinence d'une réunion présentielle ou envisager un autre mode (réunion téléphonique, web conférence ou réunion virtuelle *via* Internet).
- Définir clairement l'ordre du jour et les objectifs à atteindre.
- Commencer sans attendre les retardataires.
- Démarrer chaque réunion par la consultation de la fiche d'action.
- Recadrer les « hors sujet ».

3. Adopter une méthodologie gagnante

Avant | PRÉPARER UNE RÉUNION

- Définir clairement le type de réunion (information, prise de décision, créativité, consultation...).
- Identifier les participants concernés (entre 6 et 8 personnes au plus).
- Veiller à l'harmonisation des profils.
- Dissocier animation et niveau hiérarchique.
- Envoyer convocations et invitations huit jours avant la réunion minimum.
- Préciser le lieu (un plan d'accès) et donner l'heure de début et l'heure de fin.
- Prévoir les réunions en deuxième partie de matinée (astuce pour tenir ses temps).

Voir annexe 6 : Fiche outil – Check-List de préparation d'une réunion.

- Fixer l'objectif de la réunion, l'ordre du jour (thèmes abordés et leur timing).
- Envoyer les documents préparatoires pour étude et réflexion (questions clés).
- Prévoir une salle adaptée et une collation.

Pendant | ATTRIBUER UN RÔLE À CHACUN DES ACTEURS

- **L'animateur :** véritable chef d'orchestre, observateur et analyste du groupe, il est en charge de structurer les échanges, de les stimuler, de les discipliner et de les mener vers une prise de décision.
- **L'expert :** sert de référent et apporte une compétence spécifique.
- **Le gardien du temps :** « time keeper » attentif à la répartition du temps de parole et au respect des différents points de l'ordre du jour.
- **Le scribe ou rédacteur :** prend des notes, assure un CR en temps réel et synthétise les décisions sur un relevé d'actions (qui fait quoi, quand et comment ?) remis à chacun en fin de réunion.
- **Le rapporteur final** : assure le suivi et la mise en application (tenue de l'échéancier).

Voir annexe 5 : Fiche outil – Fiche de relevé de décision

Pendant | CONDUIRE LA RÉUNION

- Commencer la réunion à l'heure prévue sans attendre les retardataires aura valeur pédagogique et permettra le respect des horaires annoncés.
- Poser des règles du jeu claires telles que :
  - → écoute dynamique ;
  - → synthèse et clarté dans la prise de parole ;
  - → respect mutuel et attitude permanente positive ;
  - → critique constructive ;
  - → dynamique vertueuse axée sur les solutions à trouver (privilégier le comment au pourquoi).
- Énoncer l'objectif de la réunion.
- Proposer une méthodologie de travail.
- Rappeler le contexte et ce que l'on attend des contributeurs.
- Favoriser la production d'idées si réunion de créativité.

Voir annexe 4 : Fiche outil – Animer un brainstorming.

- Faire un tour de table.
- Débuter la réunion par les points les plus importants et finir par les « divers ».
- Mettre en place un plan d'action.
- Faire un CR en temps réel.

Après | ASSURER LE SUIVI DES DÉCISIONS PRISES

- Envoyer les CR sous huit jours maximum.
- Évaluer l'efficacité de la réunion.
- Analyser ses pratiques pour un bilan qualité/efficacité.

Le conseil de l'expert

Savoir « réunionner » c'est :

- commencer à l'heure et réguler les interventions ;
- suivre l'ordre du jour et donner la parole à chacun ;
- reformuler à intervalles réguliers les décisions prises ;
- clôturer en énonçant points acquis et points en suspens ;
- se souvenir qu'une réunion efficace est avant tout une réunion bien préparée et qui produit des résultats...

Les questions à se poser

- Le nombre des participants est-il pertinent ? (Pas plus de huit personnes.)
- Les rôles ont-ils été définis ? (Qui fait quoi et quand ?)
- Les convocations, l'ordre du jour, et les documents préparatoires ont-ils été envoyés dans les temps ?
- L'ordre du jour et les objectifs sont-ils clairs ?
- Le temps a-t-il été « séquencé » pour chaque point de l'ordre du jour ?
- Dois-je introduire du chaos pour faire apparaître des points de vue jusque-là tus ?
- Ai-je décrypté les messages non verbaux lors de la réunion ?

Pour conclure

Conduire une réunion ne relève pas de l'improvisation, mais plutôt d'une régulation déployée autour de trois axes : la fixation d'un objectif, la mise en place de règles du jeu et la formalisation d'un compte rendu. Optimiser ces temps partagés c'est canaliser les contributions individuelles, fluidifier les échanges pour faire émerger une décision et orchestrer sa mise en œuvre. Enrichir ces rencontres c'est aussi libérer la parole de l'équipe et délier les esprits pour stimuler la créativité. Une alternance et un équilibre subtil à trouver, entre parcours balisé et liberté encouragée.

ORCHESTRER ET RÉGULER LE TEMPS DE SON ÉQUIPE

Prendre sur son temps pour en faire gagner aux autres… et à soi-même

LES OBJECTIFS

- Percevoir la relation au temps de chacun de ses collaborateurs.
- Dispatcher et coordonner les tâches.
- Travailler en parallèle et en interaction pour réussir ensemble.
- Gagner en efficacité collective en tenant compte des spécificités de chacun.

LE POINT DE DÉPART

Antoine, manager d'une équipe, parvient aujourd'hui à gérer son temps et ses priorités (il a bien lu la séquence 3.1: Auditer son temps pour maximiser son organisation). En tant que manager, il est aussi responsable de l'atteinte des objectifs et du respect des délais de son équipe. Pour lui, faire respecter les délais est souvent « mission impossible ». Il se heurte quotidiennement à des problèmes de perte de temps et de priorisation : un vrai casse-tête. Antoine prend conscience du rôle de maître d'œuvre qu'il doit endosser pour apporter vision, cohésion et harmonisation à son équipe. Il comprend qu'affecter des missions ne suffit plus et saisit la nécessité de mettre en place des règles du jeu organisationnelles et comportementales.

Pour fédérer ses équipes, il décide :

- de rythmer les activités ;
- d'équilibrer les temps partagés, échangés et relayés ;
- de tenir compte des paramètres humains et environnementaux.

L'ESSENTIEL

1. Les fausses idées reçues

- Le pilotage requiert surtout des compétences techniques.
- Chaque contributeur est tributaire du temps des autres.
- Le manager est le garant du déploiement de l'information.
- Un projet est une somme d'objectifs et de responsabilités individuels.
- Le travail en équipe c'est à coup sûr des dérives sur les délais.
- La confiance est la porte ouverte aux dérapages.

2. Les principes de base

- Hiérarchiser et répartir les tâches requiert des compétences techniques, comportementales et relationnelles.
- Connaître les relations d'interdépendance permet d'optimiser le temps de l'équipe.
- Encourager la circulation de l'information (ascendante, descendante et transversale) facilite une vision à 360°.
- Poser les règles du jeu contribue à éliminer l'incertitude.
- Optimiser le temps de l'équipe passe par une orchestration des tâches.
- Renforcer la confiance neutralise les conflits et encourage la proactivité.

3. Quelle méthodologie?

PRÉPARER

Construire la vision de l'équipe pour donner du sens et être efficient:

- Clarifier les objectifs, préciser les trois grandes catégories d'objectifs:
  - → les objectifs d'activité (de production, d'efficacité et de coût);
  - → les objectifs de développement de l'organisation (méthodes, organisation et évolution des techniques);
  - → les objectifs de développement des personnes.

- Identifier les points forts, les faiblesses, les opportunités et les menaces qui pèsent sur le travail de l'équipe.

Voir annexe 11 : Fiche outil – Le SWOT.

- Identifier l'autonomie de chacun des contributeurs en fonction des trois critères : savoir, pouvoir et vouloir faire.

Voir chapitre 2 séquence 3 : Accompagner les collaborateurs afin de développer leurs performances.

- Repérer les tâches à périmètre mal défini qui induisent superposition et flou.
- Définir les axes de progrès en termes de temps gagné par l'équipe (jouer les « cost killer »).

METTRE EN ŒUVRE

Voir annexe 12 : Fiche outil – Le rapport au temps de l'équipe.

- Initier une cartographie des profils cognitifs et de la relation au temps de chacun des collaborateurs.

Voir annexe 4 : Fiche outil – Animer un brainstorming.

- Solliciter l'équipe afin de rechercher ensemble les solutions pour « optimiser la ressource temps de l'équipe » : stimuler la créativité autour d'un thème de réflexion commun.
- Construire ensemble les règles de vie de l'équipe en collectant auprès de chaque contributeur les valeurs à privilégier.

Voir annexe 8 : Fiche outil – La charte des temps partagés.

- Rythmer les rencontres de l'équipe et préférer le travail interactif et concerté, en établissant un planning annuel des temps partagés (réunions, entretiens...).
- Favoriser les processus collaboratifs en encourageant les échanges même informels entre les collaborateurs *via* l'utilisation des logiciels de temps collectifs (Outlook, Lotus, par exemple).

SUIVRE

- Accompagner les collaborateurs sur la priorisation de leurs tâches.
- Créer un tableau de bord de suivi des activités de l'équipe pour visualiser :
  - → la position de chacun ;
  - → les échéances clés ;
  - → les tâches essentielles à accomplir ;
  - → les résultats à atteindre ;

- → les risques à anticiper ;
- → les incidents d'information.
- Formaliser les retours d'expérience.

Les questions à se poser

- Est-ce que je veille à l'autorégulation des relations entre les membres de mon équipe ?
- Ai-je défini avec mon équipe des règles de vie ?
- Ai-je l'habitude de mutualiser les « bonnes pratiques » ?
- Ai-je développé des réunions de créativité ?
- Ai-je identifié les prémisses de conflits potentiels au sein de l'équipe ?

Le conseil de l'expert

Agencer les temps de l'équipe demande une attention relationnelle forte et une communication fluide. Seuls l'information partagée et un bon casting peuvent permettre l'optimisation des temps de l'équipe.

Pour conclure

Le temps est une ressource personnelle et collective. L'art du manager consiste à la maîtriser en instaurant un fonctionnement choisi et partagé. Organiser et planifier l'activité de son équipe c'est lui trouver le bon tempo pour l'action et pour les relations. Tel un chef d'orchestre, il doit créer l'harmonie à travers une coordination sans faille.

DÉLÉGUER POUR MOTIVER ET RESPONSABILISER

Déléguer sans se décharger

LES OBJECTIFS

- Alléger l'emploi du temps du manager et le recentrer sur ses fonctions d'encadrement.
- Optimiser le management des compétences par la responsabilisation.
- Augmenter l'autonomie et la motivation des collaborateurs.

LE POINT DE DÉPART

Pour Marc, manager d'une petite équipe, déléguer est un exercice délicat auquel il n'adhère pas. Il se trouve déjà trop accaparé par ses activités quotidiennes pour y souscrire. Passer le témoin ou « faire faire » suscite chez lui hésitations et reculades, car il y voit d'abord un parcours semé d'embûches, et plus encore une perte de temps. Marc envisage la délégation comme un processus long et difficile qui nécessite une forte confiance dans le délégataire. Il connaît aussi sa réticence à accepter que la tâche déléguée puisse être réalisée « différemment ». À l'instar de Marc, nombreux sont les managers qui préfèrent garder la main et continuer d'être surchargés. En faisant l'impasse sur cet acte managérial, ils s'interdisent l'utilisation de puissants leviers motivationnels et privent leur équipe d'une montée en compétences créatrice de valeur.

L'ESSENTIEL

Déléguer, acte managérial à part entière, demande :

Voir annexe 43 : Autodiagnostic – Vos freins à la délégation.

- d'identifier ses freins à la délégation ;
- de « faire réaliser un objectif » et non de « confier l'exécution d'une tâche » ;
- de placer le curseur au bon niveau entre abandon et interventionnisme ;

- d'évaluer potentiel, motivation et disponibilité du délégataire ;
- d'établir un protocole de transmission.

C'est à ce prix que le manager peut alléger sa charge de travail pour se concentrer sur ses missions à forte valeur ajoutée.

1. Les fausses idées reçues

- Déléguer fait courir le risque de l'erreur.
- Déléguer prive le manager des lauriers de la victoire.
- Déléguer nécessite une contrepartie financière.
- Déléguer est une mission managériale chronophage.
- Déléguer se justifie exceptionnellement et en dernier recours.

2. Les principes de base

- Déléguer est un acte majeur du management.
- Déléguer est vecteur d'engagement et de motivation.
- Déléguer est une occasion de réfléchir sur son mode organisationnel.
- Déléguer est un outil de formation.
- Déléguer est aussi un signe de reconnaissance et de confiance.

3. Choisir une méthodologie adaptée

Déléguer n'est pas assigner une tâche à quelqu'un ni lui donner un ordre, mais plutôt lui confier des missions et des objectifs.

Plus « énergétivore » que l'action directe et intuitive, elle est à considérer par le manager comme un investissement et non comme un coût.

À lui de la décliner autour de trois temps forts :

PRÉPARER

- Identifier les attributions clés de sa mission (par essence « indélégables »).
- Créer une cartographie des compétences de son équipe.
- Choisir les délégataires selon les critères de compétences et d'autonomie.

- Prévoir un entretien exploratoire pour sonder la motivation du délégataire.
- Proposer la délégation.
- Définir la vision du projet et clarifier ensemble les objectifs.
- Officialiser la délégation pour légitimer le délégataire.
- Déployer une dynamique humaniste de confiance et de patience.

METTRE EN ŒUVRE

- Expliquer le périmètre de la délégation et ses enjeux.
- Rappeler les deux principes fondamentaux que sont:
  - → la coresponsabilité;
  - → la permanence de la délégation.
- Fixer les règles du jeu et individualiser les processus (objectifs, résultats, points de contrôle).

Voir annexe 43: Autodiagnostic – Vos freins à la délégation.

- Négocier et quantifier les moyens mis à disposition (temps, ressources, budget, matériel, formation et informations).
- Accompagner le collaborateur selon son autonomie.
- Formuler et séquencer le plan d'actions, en préciser l'échéance.
- Fixer des rendez-vous de reporting.
- Reformuler les points essentiels pour les valider.

SUIVRE

- Prévoir des normes de suivi et de contrôle (étapes, critères d'appréciation).
- Accompagner et soutenir le collaborateur en dialoguant.
- Mettre en place une fiche d'entretien.
- Reconnaître le droit à l'erreur.
- Pointer les résultats, mesurer les écarts par rapport à l'objectif fixé.
- Évaluer et apporter les correctifs appropriés.
- Féliciter et reconnaître la paternité de la réussite du délégataire.

Les questions à se poser

- Les missions choisies sont-elles délégables (enjeu fort, confidentialité) ?
- Ai-je délimité le champ de la délégation ?
- Quel est le bénéfice attendu de cet acte de délégation ?
- Ai-je identifié le bon délégataire ?
- Quel mode de management vais-je adopter pour cette délégation ?

Le conseil de l'expert

- Repérer le degré d'autonomie de chacun des collaborateurs.
- Confier des missions « en phase » avec les compétences, et les valeurs, du délégataire pour donner du sens et activer sa motivation sans le déstabiliser.

Conclusion

Déléguer c'est transmettre une mission et un pouvoir à un délégataire choisi pour ses compétences et son autonomie.

La délégation est un accompagnement accélérateur de motivation et développeur de talents, à condition que le délégant donne au délégataire sa confiance et le droit à l'erreur.

Voir chapitre 5 séquence 4 : L'entretien de délégation.

La réussite de cet acte managérial dépend de la structuration d'un périmètre bien défini qui s'étend des objectifs assignés aux protocoles de mise en œuvre, et jusqu'aux séquences de suivi, contrôle et pilotage. La suite de ce processus consiste également à mener son entretien de délégation avec succès.

Mener à bien un processus de négociation

Éric Vejdovsky

PRÉPARER SA NÉGOCIATION

Préparer pour ne pas réparer

LES OBJECTIFS

- Être convaincu de l'importance de la phase de préparation dans une négociation.
- Créer les conditions du dialogue en abordant la négociation du point de vue de l'autre.
- Déterminer les étapes incontournables de la préparation.

LE POINT DE DÉPART

« Bonjour Michel, alors cette négo avec Dupont ?
– Ne m'en parle pas, il m'a avancé des arguments auxquels je ne m'attendais pas, et pire, je ne connaissais pas des points clés du dossier.
– Comment cela se fait-il ? Tu n'avais rien préparé avant d'y aller ?
– Non, c'est de la perte de temps.
– Michel, que cela te serve de leçon, une négociation, ça se prépare, et une négociation bien préparée est déjà à moitié gagnée ! »

L'ESSENTIEL

1. Définir ses objectifs et le but de la négociation

- Définir l'(es) objectif(s) pour cet entretien.
- Fixer des objectifs réalistes.

2. Prévoir les limites et les zones de concession

- Prévoir sa marge de manœuvre avec une hypothèse haute, une hypothèse basse et un seuil à ne pas franchir.
- Fixer le non-négociable.
- Définir la zone « gagnant-gagnant », c'est-à-dire la zone de concessions équilibrées entre les deux parties. Au-delà de cette zone, la préservation de la relation n'est pas assurée.
- Réfléchir à la meilleure stratégie à adopter.

Le conseil de l'expert

Distinguer:
- objectif (ce que je dois obtenir);
- méthodes (comment je dois procéder pour l'obtenir);
- moyens (les éléments que je devrai apporter en contrepartie).

- Faire le point sur la situation.
- Déterminer le type d'issue recherchée: l'accord de principe, une déclaration d'intention, un contrat signé...

3. Connaître l'environnement de la négociation

- Prendre connaissance du contexte et de l'historique.
- Maîtriser tous les points du dossier pour donner de la crédibilité.
- Rechercher l'historique et les antécédents.
- Analyser le contexte global et l'historique en termes de **transactions** passées (exemple: accord gagnant-gagnant) et de **relations interpersonnelles** entre les négociateurs (exemple: relations dégradées), et mesurer les conséquences de ces **deux dimensions** sur la négociation à venir.

4. Connaître les acteurs de la négociation

- Une bonne connaissance de la partie adverse est déterminante dans la négociation.
- Rechercher quels sont leurs objectifs et leurs enjeux, c'est-à-dire tout ce que les parties veulent obtenir ou préserver.

Le conseil de l'expert

Attention: les enjeux techniques annoncés se combinent souvent avec des enjeux personnels et psychologiques plus ou moins conscients.

- Se faire une idée du rapport de force entre les deux parties, c'est-à-dire les atouts, les pouvoirs qui donnent la capacité de faire agir l'autre comme on le souhaite, de l'amener à infléchir sa position.
- Étudier l'existence de tensions relationnelles, c'est-à-dire les énergies qui poussent les parties à se rapprocher et à trouver un accord

ou celles qui, au contraire, les amènent à s'éloigner... et qui conditionnent la stratégie adoptée par chaque négociateur.

5. Préparer son argumentaire

- Préparer des arguments et des propositions pour chaque hypothèse (haute, basse, gagnant-gagnant).

6. Se préparer personnellement

- Tirer partie des dernières négociations.
- Retenir les leçons des échecs.
- S'inspirer des succès.
- Se mettre dans un état d'esprit positif et constructif (s'imaginer avoir obtenu un accord gagnant-gagnant et garder cet ancrage en démarrant la négociation).

Les questions à se poser

- Qui sera en face de moi ?
- Quel est l'enjeu de cette négociation : pour moi, pour l'autre ?
- Quel est **l'historique des négociations passées** ?
- Quelles sont mes **limites** (et celles de mon interlocuteur) au-delà desquelles nous n'irons pas ?
- Quelles sont mes **zones de concession** (et celles de mon interlocuteur) ?
- Ai-je prévu une **solution de repli ?**
- Quels comportements les enjeux de la négociation sont-ils susceptibles d'induire ?

Pour conclure

Il est capital de préparer sa négociation. Même si le temps manque, le temps non investi en amont sera doublé à essayer de réparer en aval les conséquences d'un manque de préparation. Cette préparation permet de créer des conditions favorables pour lancer la négociation. On verra dans la séquence suivante comment conduire cette négociation.

CONDUIRE UNE NÉGOCIATION AVEC SUCCÈS

Négocier le virage avec méthode pour garder le cap

LES OBJECTIFS

- Mener chaque étape d'une négociation avec succès.
- Consolider un objectif partagé.

LE POINT DE DÉPART

Zohra s'apprête à recevoir un de ses collaborateurs. Elle sait qu'il souhaite renégocier ses objectifs. Elle a bien préparé cet entretien mais se souvient d'une négociation précédente où elle n'a compris que tard dans la discussion l'objectif de son interlocuteur.

Zohra souhaite, cette fois-ci, mener cette négociation étape par étape afin de la conclure avec succès pour les deux parties.

L'ESSENTIEL

Négocier : une démarche en six étapes.

1. Se crédibiliser

Cette étape conditionne largement la suite de l'entretien et ce, dès les premières minutes.

On distingue plusieurs ressources pour renforcer sa crédibilité :

- l'ascendant personnel (fonction, niveau de responsabilité mais aussi, réussites passées, fiabilité, disponibilité, écoute, respect des engagements, prestance, etc.) ;
- la légitimité :
  - la connaissance de l'interlocuteur et ce que l'on connaît de ses objectifs et contraintes ;

Voir chapitre 12 : Communiquer en situation de management.

Voir chapitre 11 : Développer son influence – le leadership du manager.

→ l'analyse objective de la situation.
- la maîtrise du processus de communication:
  → communiquer avec aisance;
  → s'affirmer.

2. Analyser les réactions de ses interlocuteurs

Voir séquence 3 de ce chapitre : Trouver son style de négociateur.

Analyser et comprendre les réactions de son interlocuteur permet d'adapter l'argumentation et la structure de la suite de l'entretien.

- Identifier le style de négociateur de son interlocuteur afin d'adapter son propre style.
- Tester la réelle volonté de son interlocuteur d'aboutir à un accord.

3. Identifier les objectifs et exigences de son interlocuteur

Cette étape va permettre de:

- construire les démonstrations en adéquation avec les attentes de l'autre;
- identifier les points de négociation.

Elle se déroule en deux temps:

- faire exprimer l'objectif global et obtenir un accord sur une volonté commune de l'atteindre:
  → en approche directe: «Pour vous, un bon accord, ce serait quoi ?» ou «À quoi devons-nous aboutir ?»;
  → en recherchant des accords et en aidant son interlocuteur si l'objectif n'est pas clairement identifié:

Situation	D'où partons-nous ?
Opinion	Qu'en pensez-vous ?
Cible	Votre objectif est ?
Latitude	À supposer que vous deviez faire des choix, quelles sont vos priorités ?
Enjeux	Chiffrage des enjeux mutuels

- lister les points de discussion (collecte sans traitement) afin de les analyser et de les ventiler dans la matrice de négociation, et repérer:
  → ce que l'autre me demande;
  → ce que je peux demander en échange;

→ les points sur lesquels je peux faire une concession en clôture de négociation;

→ les points que je peux donner en ouverture de négociation.

4. Démontrer l'intérêt de sa propre position

Pour démontrer, il est nécessaire de convaincre. Pour convaincre, il faut s'appuyer sur des arguments.

Voir annexe 15: Fiche outil – Structurer un argument

- Structurer ses arguments.
- Adopter différentes formes d'argumentation.
- Pratiquer «L'inversion de la charge de la preuve». Au lieu d'argumenter, il s'agit de demander à l'autre de démontrer le contraire de ce que l'on affirme. La responsabilité de l'argumentation est donc inversée. Cette technique permet de prendre du recul et du temps pour construire sa propre démonstration.

  Par exemple:

  «Je suis sûr que vous pouvez faire un effort supplémentaire pour atteindre des objectifs plus élevés.

  – Afin d'éviter tout contresens, comment devrais-je faire, d'après vous?»
- Traiter les objections.

Voir annexe 13: Fiche outil – Différentes formes d'argumentation.

Voir annexe 14: Fiche outil – Quelques techniques pour traiter les objections.

5. Négocier la solution: rechercher les solutions avec ses interlocuteurs

Si la démonstration précédente a globalement touché juste, il reste encore à procéder à quelques ajustements.

C'est à ce stade qu'une «coopération» s'installe entre les deux acteurs.

Adopter une stratégie gagnant-gagnant

Gagnant-gagnant	Gagnant-perdant
– Adopter une position de départ réaliste. – Échanger sur les intérêts et les besoins. – Évoquer les avantages réciproques. – Utiliser fréquemment «nous». – Faire remarquer les acquis, les avancées.	– Adopter une position de départ extrême. – Discuter et contester les positions. – Invoquer son intérêt propre, exclusif. – Utiliser fréquemment «je», «moi», «vous». – Faire remarquer le fossé, les écarts.

…/…

Gagnant-gagnant	Gagnant-perdant
- Se référer aux succès antérieurs. - Aborder les choses dans leur ensemble. - Ouvrir de nouvelles possibilités. - Analyser les conséquences d'un désaccord. - Écouter, équilibrer le temps de parole. - Utiliser des questions ouvertes, neutres. - Partager ses informations. - Ne pas mentir. - Adopter une attitude physique ouverte.	- Critiquer les erreurs passées. - Traiter point par point. - Imposer sa solution. - Se référer à des sources de pouvoir. - Parler beaucoup, monopoliser la parole. - Utiliser des questions fermées, hostiles. - Donner peu ou pas d'informations. - Mentir, dissimuler, occulter. - Adopter une position fermée, voûtée, agressive.

Rechercher la solution la plus favorable pour les deux parties en restant dans sa zone de concession.

Le conseil de l'expert

En tant que manager, veiller à ne pas générer trop de frustrations pour le collaborateur.

6. Conclure

- Choisir le bon moment pour stopper les échanges.
- Reformuler les points essentiels de l'entretien.
- Formaliser les termes de l'accord.

Les questions à se poser

- Ai-je bien en tête que je ne gagne durablement que si l'autre gagne aussi, et pas s'il perd ?
- Ai-je bien veillé à maintenir un bon climat pour réussir la négociation ?
- Ai-je énoncé clairement ma position, mes intérêts ?

Pour conclure

Toute situation de négociation s'aborde avec une volonté de coopérer avec son interlocuteur. Afin de préserver des relations durables, rechercher une solution dite « gagnant-gagnant » est primordial. Ne jamais perdre de vue qu'une négociation n'est pas un acte isolé, mais qu'elle s'inscrit dans un cadre relationnel d'ensemble.

TROUVER SON STYLE DE NÉGOCIATEUR

Adapter son style pour éviter d'adapter son objectif

Les objectifs

- Consolider son style de négociateur.
- Développer sa capacité à affirmer ses opinions, sans agressivité ni manipulation et en évitant les « stratégies de fuite ».
- Identifier sa position de négociateur pour s'adapter à chacun des styles d'interlocuteur.

Le point de départ

« Zhao ? Voilà quelqu'un d'attentionné ! » dit un interlocuteur à qui il a adressé les signes correspondant à son besoin.

« Zhao, lui, c'est un vrai professionnel ! » dit un autre interlocuteur en se basant sur un tout autre cadre de référence.

« Zhao est quelqu'un à qui je peux faire confiance ! » conclut un troisième sur ses critères d'appréciation.

Parle-t-on de trois personnes différentes ? Non, il s'agit bien de Zhao, et toujours du même Zhao, un manager qui sait parfaitement adapter son comportement à la situation et au profil de chacun de ses interlocuteurs.

L'essentiel

1. Affiner sa stratégie en fonction des quatre profils de négociateurs

Analyser les attitudes, comportements et réactions de ses interlocuteurs pour choisir sa propre stratégie.

LE COMBATIF

Ce qu'il veut :	Dominer.
Son comportement :	Concentré sur ses objectifs, se bat point par point, argumente, impose, bluffe, dissimule, manipule.
Ce qu'il faut faire :	L'écouter, le faire parler, résister longtemps avant de faire des concessions... un peu (et juste un peu !).
À éviter :	Encaisser sans limite, concéder trop et trop vite.

LE DÉFENSIF

Ce qu'il veut :	Se protéger.
Son comportement :	Centré sur les problèmes et tâches, sérieux, logique, respectueux, structure, verrouille, pinaille, cherche à être expansif.
Ce qu'il faut faire :	Être souple, ouvert, chaleureux, résister avant de lâcher.
À éviter :	Tromper sa confiance, dramatiser, faire du cinéma.

LE STRATÈGE

Ce qu'il veut :	Réussir et convaincre.
Son comportement :	Centré sur un objectif commun, cherche un partenariat à long terme, donne les informations demandées, préfère convaincre que vaincre.
Ce qu'il faut faire :	Faire des ouvertures, proposer des alternatives, échanger, renvoyer la balle.
À éviter :	Être passif, craintif.

LE DIPLOMATE

Ce qu'il veut :	Être reconnu.
Son comportement :	Centré sur l'entretien de la relation, cherche des moyens de résolution, à l'aise dans l'ambiguïté et le flou, peu ferme, pas très sûr de lui.
Ce qu'il faut faire :	S'impliquer, proposer, laisser du temps à la réflexion.
À éviter :	Monologuer et être intransigeant, oublier de fixer des échéances.

2. Les attitudes à éviter en cas de conflit

Tout d'abord, éviter toute stratégie de :

- fuite (« Ce n'est pas ma faute... ») ;

- manipulation (« Écoutez, on peut toujours s'arranger en baissant ailleurs de façon significative, ce qui pourra compenser votre investissement sur cette négociation... ») ;

Voir annexe 37 : Test – L'« assertivité » ou l'affirmation de soi.

- agressivité (« Mais enfin, vous vous croyez tout permis !... »).

3. Les attitudes à adopter en cas de conflit

La clé pour sortir d'une négociation conflictuelle par le haut réside dans un comportement assertif dans lequel le manager s'affirme en tant que professionnel. Il s'agit de rendre au métier ce qui est au métier, ne rien mettre de personnel en jeu dans une négociation.

Il faut parler des faits, tous les faits, rien que les faits. C'est la seule solution pour ne pas tomber dans l'affectif.

Pour éviter les contresens sur les comportements de l'interlocuteur, mobiliser toute son intelligence émotionnelle, en procédant par étapes.

LA SENSIBILITÉ

On vante aujourd'hui l'écoute, en oubliant qu'il n'y a pas que les paroles à entendre. On communique en effet à 10 % seulement par les mots, à 30 % par la voix et le ton adopté... et à 60 % par le corps (posture physique, gestes...).

LA SIGNIFICATION

Pourquoi l'interlocuteur réagit-il comme ça ?

L'ORIENTATION

Quel est le positionnement adapté à la situation ?

Au sein de l'entreprise, nombreuses sont les occasions de sur-réagir, et donc de glisser insidieusement d'un plan strictement professionnel à un plan affectif. Ce sont ces contresens qui empêchent de rentrer dans la logique de l'autre, et donc de dialoguer efficacement.

Les questions à se poser

- Ai-je bien pris le temps au cours de ma négociation de me centrer sur mon interlocuteur ?
- Me suis-je mis dans une position d'écoute active pour découvrir ses véritables besoins, souvent cachés derrière ses demandes ?

- À qui ai-je affaire ? Dans quelles dispositions émotionnelles est-il ?
- Ai-je gardé suffisamment de distance pour ne pas me laisser emporter par l'affectif ?

Pour conclure

Les traits communs partagés par les meilleurs négociateurs sont :

- Une capacité à établir le rapport, ce qui suppose que l'on sache se mettre « en phase » avec l'autre en se centrant sur lui.
- Un respect réel du modèle de l'autre sans imposition de sa propre vision des choses, et en considérant que la confrontation à un autre « modèle » que le sien est une occasion d'apprendre et d'élargir sa perspective.
- Un art de poser des questions précises qui favorise l'exploitation, la clarification et l'expérience de l'autre.
- Un comportement congruent, c'est-à-dire cohérent à tous les niveaux de la communication (verbale, posture physique, rythme et timbre de la voix).

Pratiquer les différents types d'entretien de management

Jack Durand

L'ENTRETIEN DE RECRUTEMENT

Recruter en fonction du poste et non en fonction de soi

LES OBJECTIFS

- Faire expliciter oralement le contenu du CV.
- Mettre en place une démarche d'entretien structurée.
- Conduire les différents temps de l'entretien de recrutement.
- Identifier les risques d'incompréhension.

LE POINT DE DÉPART

Nadia, manager d'équipe, hésite parfois à favoriser le départ légitime d'un collaborateur maîtrisant pleinement son poste mais désireux d'évoluer. Elle se souvient trop de ce collaborateur recruté hâtivement qui n'avait pas fait l'affaire et de surcroît avait quelque peu déstabilisé l'équipe.

Nous voyons bien là combien le temps et l'énergie consacrés à un recrutement sont un réel et nécessaire investissement. Le manager constatera son retour sur investissement au travers du climat de l'équipe et de la prise en main du poste pourvu.

L'ESSENTIEL

Le recrutement et ses entretiens font partie intégrante des missions du manager.

- La conduite des entretiens implique de la part du manager un véritable travail en amont avec son propre hiérarchique ainsi qu'avec les services RH, sur l'explicitation du contenu du poste ainsi que le profil du candidat à recruter.

- Cet entretien nécessite une préparation minutieuse à la lecture du dossier de candidature.
- Au cours de l'entretien, l'attention du manager se porte sur :
  - → les compétences techniques que les RH ne peuvent pas toujours apprécier aussi précisément que le manager ;
  - → les qualités humaines et relationnelles du candidat, le manager étant à même de percevoir les compatibilités du candidat avec lui-même mais aussi avec les autres membres de l'équipe ;
  - → la motivation du candidat et sa volonté d'implication dans le poste proposé au sein de l'entreprise.
- Dernier point : l'objectif du manager, lors de l'entretien, n'est pas de donner sa position sur les différents aspects de la candidature mais surtout de faire émerger un maximum d'informations nécessaires à la validation finale.

Voir annexe 16 : Fiche outil – Préparer votre entretien de recrutement.

L'entretien de recrutement s'articule autour de quatre temps.

1. Rappeler le contexte du recrutement

- Présenter et expliquer le contexte du poste proposé. Le futur collaborateur a besoin de mettre sa démarche en perspective.
- Indiquer la façon dont va se dérouler l'entretien.
- Lancer l'échange grâce à des questions ouvertes et neutres.

Voir annexe 40 : Test – Exercice sur le questionnement.

Le conseil de l'expert

D'une façon générale et quel que soit le type d'entretien, être attentif au décor. Le lieu et sa disposition doivent être cohérents avec le contenu de l'entretien et le message à faire passer.

2. Expliciter le parcours du candidat

- Faire dire au candidat ce qu'il a appris dans tel ou tel poste.
- Faire formaliser par le candidat un retour d'expérience.
- Demander au candidat quels sont, selon lui, le point fort et le point faible de sa candidature au regard du poste à pourvoir.
- Valoriser les paliers atteints. Le candidat a besoin de savoir comment son parcours est évalué.

- Questionner afin d'obtenir des informations et valider les niveaux de difficultés identifiés.

3. Mettre le candidat en adéquation avec le poste

- Rappeler succinctement au candidat la définition du poste et son potentiel d'évolution.
- Reprendre les points clés de son parcours et les mettre en correspondance avec les contenus essentiels du poste.
- Faire prendre conscience du niveau d'exigence attendu sur le poste, en donnant des exemples concrets de niveaux de réalisation attendus.
- Insister sur l'environnement de travail s'il est spécifique.
- Être attentif à la pertinence des questions du candidat, à ce stade.

4. Faire s'exprimer le candidat sur le poste

- Inciter le candidat à dire ce qu'il pense de l'entretien.
- Avant de clôturer l'entretien, vérifier que le candidat n'a pas d'autres questions.
- À la clôture de l'entretien, indiquer la façon dont va se dérouler la suite du recrutement.
- Réserver la réponse, sauf si l'issue négative est évidente.

Les questions à se poser

Avant | L'ENTRETIEN DE RECRUTEMENT

- Établir un timing précis des différents temps de l'entretien.

Nous présupposons ici que le poste a été rigoureusement défini (contenu, niveau d'exigence, périmètre de responsabilité).

- Suis-je clair sur ce que j'attends pour ce nouveau poste ?
- N'ai-je personne à promouvoir en interne et notamment au sein de mon équipe ?
- Lister l'ensemble des points à éclaircir pendant l'entretien.
- Ai-je correctement évalué le niveau d'exigence sur ce poste ?

- Le poste à proposer est-il cohérent en termes de responsabilités et d'évolution ?
- Quel est le point essentiel à valider sur cette candidature ?

Pendant | L'ENTRETIEN DE RECRUTEMENT

- Ai-je bien identifié les points sur lesquels mon candidat rencontre des difficultés (faits marquants à l'appui) ?
- Ai-je bien fait reformuler par mon candidat les points clés du poste dont il doit avoir pleinement conscience ?
- Ai-je bien identifié et validé la nature de la motivation de mon candidat ?

Après | L'ENTRETIEN DE RECRUTEMENT

- Les zones d'ombre du CV ont-elles été correctement éclaircies ?
- Consigner par écrit les points essentiels validés pendant l'entretien. Ils seront précieux lors de la synthèse des différentes candidatures.
- Sauf à avoir éliminé d'office la candidature, noter par écrit les différentes questions à poser lors d'un éventuel second entretien.

Pour conclure

Nous venons de maîtriser à présent les facteurs clés de réussite de la conduite d'un entretien de recrutement. Le collaborateur nouvellement recruté sera donc accompagné dans sa mission par son manager. Ce dernier devra alors précisément évaluer sa contribution et lui formuler un message concernant sa tenue du poste. C'est l'objet de l'entretien d'évaluation que nous allons étudier.

L'ENTRETIEN D'ÉVALUATION

Évaluer pour faire progresser et non pour juger

Les objectifs

- Crédibiliser son management (cohérence, objectivité, équité).
- Mettre en place une méthodologie d'évaluation.
- Conduire les différents volets constitutifs de l'entretien d'évaluation.
- Mieux comprendre le profil et le fonctionnement du collaborateur.

Le point de départ

Paul, Flora, Carlos et Jim sont managers. Ils échangent sur leurs problématiques actuelles et réalisent qu'ils en ont une en commun. Ils se sont tous les quatre vu reprocher par certains de leurs collaborateurs, au sortir de l'entretien annuel d'évaluation, de ne pas être suffisamment objectif ou bien encore de ne pas avoir compris les difficultés de leur collaborateur, ou bien tout simplement de ne pas les avoir écoutés.

L'évaluation de la contribution individuelle de chaque collaborateur est entourée régulièrement d'un malentendu entre le manager et son équipe. Le management en général, l'évaluation en particulier doivent être porteurs de sens. L'évaluation est d'abord et avant tout un outil de management au service du développement du managé. Le manager a pour mission de lui démontrer le **bénéfice personnel** qu'il peut et doit en retirer.

Le conseil de l'expert

Gare au management trop affectif ! Le manager doit tendre vers l'objectivité et non plaire à ses collaborateurs.

L'ESSENTIEL

L'entretien annuel n'est pas qu'une formalité administrative demandée par la DRH. Elle correspond à une volonté du manager de faire acquérir ou de reconnaître un niveau de compétences.

- C'est un « extrait » du management quotidien du manager à l'égard de son collaborateur.
- Il doit donc être une confirmation formalisée de tout ce qui a été dit durant l'année de travail.
- Il fait l'objet d'une préparation rigoureuse.
- Cet entretien doit être présenté et perçu par le collaborateur comme un bilan et un échange.

Voir annexe 17 : Fiche outil – Préparer votre entretien d'évaluation.

Le conseil de l'expert

Attention à l'effet de halo ! Si une difficulté, voire une altercation est survenue avec le collaborateur quelques jours avant l'entretien, proposer plutôt de reporter à une date ultérieure.

L'entretien annuel d'évaluation s'articule autour de quatre volets.

1. Le bilan de l'année écoulée (indispensable)

- Tout d'abord, inviter le collaborateur à indiquer d'éventuels faits marquants de l'année écoulée qui ont pu modifier le périmètre initial d'évaluation.
- Rappeler au collaborateur la définition de son poste.
- Rappeler au collaborateur le niveau d'exigence sur telle ou telle mission à considérer.
- Débuter par les réalisations positives et féliciter.
- Rappeler sa confiance.
- Obtenir une validation des points à améliorer.
- Écouter la vision du collaborateur sur la contribution qu'il a réalisée.

Le conseil de l'expert

Être en mesure de fournir des faits concrets pour objectiver l'entretien !

Voir annexe 39 : Test – Le comportement du manager pendant un entretien d'évaluation.

2. Le plan d'objectifs *n* + 1

- Reprendre ici l'ensemble des conseils de l'entretien d'objectifs.
- Valoriser les paliers de compétences atteints. Le managé a besoin de savoir comment sa performance est évaluée.
- Chercher à obtenir une adhésion basée sur la motivation.
- Questionner afin d'obtenir des informations et valider les éventuels niveaux de difficulté.

Le conseil de l'expert

Inciter le collaborateur à proposer lui-même ses objectifs de performance. S'il vous rejoint sur certains objectifs, les accepter.

3. Les besoins de formation et d'accompagnement

- Faire prendre conscience des paliers déjà franchis et féliciter.
- Rappeler le challenge *n* + 1 (voir point 2).
- Proposer votre soutien et renouveler votre confiance.
- Faire démontrer par le collaborateur son réel besoin de formation.
- Faire dire au collaborateur ce qu'il compte apprendre en termes de savoir et/ou de savoir-faire.

Le conseil de l'expert

Attention au manager qui abuse du questionnement. L'entretien d'évaluation est un échange. Il ne doit donc pas prendre la forme d'un interrogatoire dont le collaborateur ne percevrait aucun bénéfice personnel.

4. La projection dans l'avenir

- Inviter le collaborateur à s'exprimer le premier, à donner sa vision de l'avenir.
- Ne pas hésiter à reformuler pour clarifier, notamment, les motivations d'évolution.
- Cette partie de l'entretien doit s'inscrire tout particulièrement dans la cohérence (entre son profil, son niveau de développement actuel, son potentiel et la gestion des ressources humaines de l'entreprise).

- Faire prendre conscience au collaborateur des contraintes de l'entreprise.

Les questions à se poser

Avant | L'ENTRETIEN

- Ai-je correctement évalué le niveau de développement actuel de mon collaborateur ?
- Quelle est la compétence ou le comportement que je veux développer chez mon managé ?
- Ai-je correctement évalué le potentiel de mon collaborateur ?
- En cas de proposition à lui faire, ai-je prévu un « plan B » en cas de refus de sa part ?
- Quel niveau de confiance ai-je avec mon collaborateur ?
- Ai-je bien identifié les points sur lesquels mon collaborateur rencontre des difficultés (faits marquants à l'appui) ?
- Ai-je bien identifié les solutions à lui apporter afin de donner une nouvelle impulsion à la poursuite et/ou à l'atteinte de l'objectif de la mission ?
- Quels sont les points de félicitation sur lesquels insister ?
- Quels sont les points d'encouragement sur lesquels insister ?

Après | L'ENTRETIEN

Répondre à l'ensemble du questionnaire d'autoévaluation de votre entretien.

Voir annexe 41 : Autodiagnostic– Autoévaluez-vous après vos entretiens d'évaluation.

Pour conclure

Nous venons de voir, au travers du cas particulier de l'évaluation annuelle, que le face-à-face managérial s'impose dès que l'enjeu est important. Ce sera donc le cas pour l'ensemble des situations qui vont suivre.

Nous maîtrisons à présent les facteurs clés de réussite de la conduite de l'entretien annuel d'évaluation. Nous connaissons le sens à donner à cet outil de management, ce qui va nous permettre d'aborder avec plus de facilité un autre face-à-face managérial lié à l'entretien d'évaluation, à savoir l'entretien d'objectif.

L'ENTRETIEN D'OBJECTIF

Mobiliser sans imposer

LES OBJECTIFS

- Déterminer l'opportunité d'un objectif ou plan d'objectifs.
- Savoir vendre ses objectifs.
- Respecter les quatre éléments constitutifs d'un objectif.
- Identifier les risques de non-appropriation des objectifs.

LE POINT DE DÉPART

Un collaborateur d'Agnès lui a reproché de donner trop d'objectifs ou bien toujours les mêmes, ou bien encore des objectifs trop ambitieux ou incohérents par rapport à la stratégie de l'entreprise.

La fixation d'objectifs est souvent mal perçue par les collaborateurs. Elle correspond à une action immédiate. Elle s'inscrit dans une visée à plus long terme : le potentiel du collaborateur.

L'ESSENTIEL

La fixation d'objectifs doit être pour le manager un moyen au service de son management. Elle correspond à une volonté du manager de faire acquérir ou de reconnaître un niveau de compétences.

- La fixation d'objectifs est un acte de management qui doit être parfaitement compris par le collaborateur.
- Chaque type d'objectif correspond à un type de résultat à atteindre :
  - → individuel ou collectif (selon que le manager souhaite agir ou non sur la cohésion d'équipe) ;
  - → quantitatif ou qualitatif (selon que le manager souhaite agir ou non sur le comportement).
- Elle est concertée, négociée avec le collaborateur.

Le conseil de l'expert

Inciter le collaborateur à proposer ses propres objectifs. Il adhérera d'autant plus facilement à un objectif qui est le sien.

La fixation d'un objectif (ou plan d'objectifs) à un collaborateur répond à des critères rigoureux. Elle comporte quatre temps à bien respecter pour obtenir une réelle adhésion du collaborateur.

1. Contextualiser (indispensable)

- Décrire préalablement le contexte qui amène le manager à proposer tel ou tel type d'objectif. Ce peut être un dysfonctionnement, une non-qualité, une amélioration nécessaire, un historique, etc.
- Rappeler au collaborateur la définition de son poste (s'il s'agit d'un objectif de correction par exemple).
- Rappeler au collaborateur son potentiel d'évolution.
- Rappeler sa confiance.

2. Décrire le résultat attendu et pour ce faire l'action concrète qui permettra d'atteindre cet objectif

- Tout objectif doit pouvoir être visualisé par le collaborateur. Il doit pouvoir appréhender avec précision le type d'action à réaliser pour l'atteindre.
- L'action doit donc être concrète et précise.
- Ne pas oublier de mettre en lumière un bénéfice personnel pour le collaborateur. Ce bénéfice vient contrebalancer celui évident pour l'entreprise et/ou le manager.

3. Déterminer une mesure de la performance

- Toujours traduire la mission en objectifs mesurables.
- L'indicateur de mesure doit être indiscutable quant à son objectivité.
- Il doit rester négociable.
- Même qualitatif, un objectif doit être mesurable.
- Là encore, le mieux est de faire proposer un indicateur par le collaborateur lui-même.

4. Fixer les modalités de soutien

- Négocier avec le collaborateur les moyens éventuels à lui accorder. Ils doivent être justifiés et discutés. À ce stade, le manager doit pouvoir jouer son rôle d'arbitre.
- La possibilité d'une formation doit, elle aussi, être justifiée.
- La responsabilisation du collaborateur doit rester entière.
  - Questionner afin d'obtenir des informations et valider le niveau de difficulté rencontré.
  - Chercher à obtenir une adhésion fondée sur la motivation.

Voir annexe 3 : Fiche outil – Fixer un objectif SMART.

- Enfin, toujours annoncer les modalités de contrôle (rester dans son rôle de manager).

Les questions à se poser

Avant | L'ENTRETIEN

- Ai-je correctement évalué le niveau de développement actuel de mon collaborateur sur la base du bilan de l'année N – 1 étayé par des éléments suffisamment objectifs ?
- Au travers de cet objectif, quelle compétence ou quel comportement veux-je développer ou corriger chez ce collaborateur ?
- Ai-je correctement évalué le potentiel de mon collaborateur ?
- Quel niveau de confiance ai-je avec mon collaborateur ?
- Le nombre d'objectifs prévus pour l'année à venir est-il équilibré ?
- Quelle pondération apporter aux différents objectifs inscrits au plan d'actions ?

Pendant | L'ENTRETIEN

- L'attitude de mon collaborateur montre-t-elle véritablement un engagement de sa part ?
- La part de négociation que je laisse à mon collaborateur est-elle suffisante ?
- Les moyens que je lui propose sont-ils réellement en rapport avec la difficulté exposée par mon collaborateur ?

Après | L'ENTRETIEN ET AU COURS DES MOIS QUI SUIVENT CET ENTRETIEN

- Est-ce que mon collaborateur s'est approprié ses objectifs ?
- Ai-je réalisé un pointage régulier de sa réalisation des objectifs en cohérence avec les modalités de suivi annoncés au cours de l'entretien ?
- Ai-je soutenu régulièrement sa réalisation des objectifs en cohérence avec les moyens annoncés au cours de l'entretien ?

Pour conclure

Les objectifs sont indispensables pour pouvoir, d'une part, évaluer avec objectivité l'évaluation de la contribution du collaborateur et, d'autre part, permettre à ce dernier de mieux se situer dans son développement sur son poste. Nous connaissons à présent le sens à donner à cet outil de management que constituent les objectifs, ce qui va nous permettre d'aborder avec plus de facilité un type particulier d'objectif, la délégation.

4

L'ENTRETIEN DE DÉLÉGATION

Déléguer sans abandonner

Les objectifs

- Déterminer l'opportunité d'une délégation.
- Mettre en place une démarche de délégation structurée.
- Conduire les différents entretiens constitutifs de la délégation.
- Identifier les risques d'échec.

Le point de départ

Enzo, manager d'une équipe, s'est vu reprocher par un collaborateur de ne pas suffisamment déléguer par manque de confiance ou bien à l'inverse de trop déléguer pour masquer un manque d'implication personnelle dans sa contribution à la performance de son équipe.

La délégation est souvent mal expliquée par le manager et donc mal comprise. La délégation est d'abord et avant tout un outil de management au service du développement du collaborateur délégataire.

L'essentiel

La délégation n'est pas une répartition de tâches. Elle correspond à une volonté du manager de faire acquérir ou de reconnaître un niveau de compétences.

- C'est donc un acte de management qui doit être parfaitement compris par le collaborateur.
  - Il répond à des critères rigoureux.
  - Les différents entretiens conduits par le manager permettront de répondre à cette exigence et de prévenir tout malentendu avec le collaborateur.
- Elle est donc concertée, négociée avec le collaborateur.

Voir annexe 18 : Fiche outil – Préparer votre entretien de délégation.

- Elle est contrôlable. Les modalités de la délégation sont adaptées à l'enjeu de la délégation.

L'action de déléguer se déroule en trois étapes.

1. L'entretien de cadrage (indispensable)

- Présenter et expliquer sa proposition en la contextualisant.
- Rappeler au collaborateur la définition de son poste et son potentiel d'évolution.
- Rappeler votre confiance.
- Chercher à obtenir une adhésion basée sur la motivation.
- Traduire la mission en objectifs mesurables.
- Annoncer les modalités de contrôle.
- Annoncer à l'avance la zone d'autonomie définie.

Voir annexe 22 : Fiche outil – Fiche de délégation.

2. Au cours de la mission déléguée, réaliser un ou plusieurs entretiens intermédiaires de suivi

- Encadrer l'action du collaborateur autour des difficultés rencontrées.
- Lui proposer son soutien et lui renouveler sa confiance.
- Valoriser les paliers atteints. Le managé a besoin d'avoir une appréciation de son travail.
- Questionner afin d'obtenir des informations et valider le niveau de difficulté.

3. Réaliser un entretien final de debriefing

- Féliciter.
- Faire prendre conscience des paliers franchis.
- Faire dire au collaborateur ce qu'il a appris.
- Faire formaliser par le managé un retour d'expérience.

Les questions à se poser

Avant | L'ENTRETIEN DE CADRAGE D'UNE DÉLÉGATION

- Ai-je correctement évalué le niveau de développement actuel de mon collaborateur ?

Voir annexe 43 : Autodiagnostic – Vos freins à la délégation.

- Au travers de cette délégation, quelle est la compétence ou le comportement que je veux développer chez mon managé ?
- Ai-je correctement évalué le potentiel de mon collaborateur ?
- La mission à proposer est-elle délégable ?
- Quel niveau de confiance ai-je avec mon collaborateur ?

Avant | LES DIFFÉRENTS ENTRETIENS INTERMÉDIAIRES

- Ai-je bien identifié les points sur lesquels mon collaborateur rencontre des difficultés (faits marquants à l'appui) ?
- Ai-je bien identifié les solutions à lui apporter afin de donner une nouvelle impulsion à la poursuite et/ou à l'atteinte de l'objectif de la mission ?
- Quels sont les points de félicitation sur lesquels insister ?
- Quels sont les points d'encouragement sur lesquels insister ?

Après | L'ENTRETIEN DE RETOUR SUR EXPÉRIENCE

- Quels étaient les points clés de la mission ?
- Quel niveau d'autonomie a été atteint ?
- Quelles compétences ont été acquises ?

Pour conclure

Nous venons de maîtriser les facteurs clés de réussite de la conduite des différents entretiens constitutifs de la délégation. Nous connaissons à présent le sens à donner à cet outil de management, ce qui va nous permettre d'aborder avec plus de facilité un autre type de face-à-face managérial, l'entretien de remotivation.

L'ENTRETIEN DE RESPONSABILISATION OU DE REMOTIVATION

Questionner sans interroger

LES OBJECTIFS

- Déterminer l'opportunité de ce type d'entretien.
- Structurer ce type d'entretien.
- Conduire un questionnement adapté.
- Engager le collaborateur dans l'action.

LE POINT DE DÉPART

Comme beaucoup de managers, Romane rêve de développer les compétences d'une équipe de collaborateurs motivés qui ne demandent qu'à progresser. Mais le quotidien lui rappelle régulièrement une vigilance à observer à l'égard des collaborateurs qui se démotivent.

Romane est aujourd'hui confrontée à la démotivation d'un collaborateur face à l'échec (non atteinte d'un objectif). Elle se sent un peu démunie et ne sait comment s'y prendre pour le remotiver.

L'ESSENTIEL

L'implication ou la réimplication du managé ne se décrète pas. Le manager doit accompagner les conditions du retour à un climat de travail motivant et donc à la performance. Elle correspond à une double condition :

- La volonté du manager de faire l'effort de diagnostiquer les causes de la baisse de motivation.
- La prise de conscience du collaborateur, même secrète, de son véritable niveau de compétences dans le poste qu'il occupe.

Cet entretien :

- se mène sur le principe de réalité[1] ;
- doit être parfaitement compris par le collaborateur ;

Voir annexe 19 : Fiche outil – Préparer votre entretien de remotivation.

- nécessite une méthodologie ;
- est une formidable opportunité pour mieux connaître les moteurs du managé ;

Le manager ne doit pas attendre de son collaborateur qu'il affiche ouvertement sa remise en cause. Elle reste souvent implicite et non verbale.

L'entretien se déroule en trois étapes :

1. La phase de cadrage (indispensable)

- Créer un climat d'accueil constructif (contexte, lieu, gestes et postures).
- Présenter et exposer les faits marquants et rien que les faits. Aller droit au but.
- Rappeler au collaborateur la définition de tout ou partie de son poste et les niveaux d'exigence afférents.
- Annoncer l'objectif de l'entretien.
- Rappeler sa confiance.
- Chercher à obtenir une prise de conscience basée sur une volonté constructive du manager d'accompagner son collaborateur à la maîtrise de son poste actuel.

2. Inciter le collaborateur à exposer sa vision de la situation

- Questionner sans interroger afin d'obtenir des informations et de valider le niveau de difficulté.
- Utiliser les questions ouvertes pour faire parler un collaborateur.
- Utiliser les questions fermées pour amener le collaborateur à prendre position.
- Utiliser la reformulation pour valider des hypothèses.

1. Le principe de réalité correspond à une volonté du manager de responsabiliser son collaborateur, dans le cadre d'une relation d'adulte à adulte.

3. Tirer les leçons

- Exprimer sa satisfaction s'il y a eu remise en cause du collaborateur.
- Faire prendre conscience des paliers franchis et à atteindre.
- Faire dire au collaborateur ce qu'il a compris de son échec, de son erreur.
- Proposer son soutien en termes d'accompagnement et de moyens justifiés.
- Renouveler sa confiance :
  - « je sais que je peux compter sur toi » ;
  - « je n'ai aucun doute sur ta capacité à rebondir ».

Voir annexe 23 : Fiche outil – Grille d'observation d'un entretien.

Les questions à se poser

Avant l'entretien | SE PRÉPARER :

- Ai-je correctement évalué le niveau de développement actuel de mon collaborateur ?
- Quel est l'objectif de mon entretien ? Comment vais-je le présenter à mon collaborateur ?
- Prévoir un « plan B » : il s'agit d'un autre objectif d'entretien, venant se substituer à l'objectif initial.
- Quel niveau de confiance ai-je avec mon collaborateur ?

Après l'entretien | S'AUTOÉVALUER

- L'objectif identifié a-t-il été atteint ?
- Quels étaient les points clés à valider ?
- Quels sont les messages que le collaborateur a voulu me faire passer en termes de management ?
- En quoi l'engagement en termes d'action du collaborateur est-il réaliste ?

Voir annexe 41 : Autodiagnostic – Autoévaluez-vous après vos entretiens d'évaluation.

Pour conclure

Nous venons donc de voir que le face-à-face managérial s'impose dans deux situations :

- lorsque l'enjeu est important ;
- lorsque le sujet à traiter est difficile voire conflictuel.

Manager, c'est donc chercher à comprendre en validant des hypothèses. Le questionnement est primordial pour obtenir une implication et une prise de conscience du collaborateur pendant l'entretien. Enfin, et surtout, une suite dans l'action que le manager devra expliciter.

Face à ce travail du manager sur la motivation de ses collaborateurs, la reconnaissance managériale reste un élément essentiel de maintien de la motivation. C'est ce que nous allons approfondir dans le cadre de l'entretien de félicitation.

L'ENTRETIEN DE FÉLICITATION

Reconnaître pour motiver

Les objectifs

- Déterminer les conditions d'une reconnaissance.
- Mettre de la cohérence dans son management.
- Développer son assertivité de manager au cours de ce type d'entretien.
- Identifier les risques d'une reconnaissance mal perçue par le collaborateur.

Le point de départ

Hugues est manager. Il sort juste d'un entretien avec son hiérarchique. Ce dernier l'a félicité pour l'excellent travail qu'il vient de réaliser. Hugues prend conscience qu'il ne le fait pas auprès de ses collaborateurs. Il ne sait ni féliciter ni reconnaître la contribution individuelle de ses collaborateurs.

Cette insuffisance du manager se traduit souvent par un déséquilibre entre reproches et reconnaissance. Il se souvient pourtant avoir un jour hésité à féliciter un membre de son équipe au prétexte de ne pas avoir de marge de manœuvre en termes de reconnaissance financière.

Et pourtant nous allons voir que reconnaître un collaborateur reste un exercice managérial nécessaire, voire indispensable au développement de celui-ci.

L'essentiel

La reconnaissance n'est pas un acte de pure forme. Elle correspond précisément à une volonté du manager de faire acquérir ou de reconnaître un niveau de compétences acquis.

- Féliciter permet d'expliciter l'atteinte d'un niveau d'exigence :

Voir annexe 20 : Fiche outil – Préparer votre entretien de félicitation.

  → c'est un acte de management qui doit être parfaitement compris du collaborateur, c'est-à-dire mis en cohérence avec son plan de développement ;

  → il répond donc à des critères rigoureux.
- Les différents entretiens conduits par le manager sont des opportunités de reconnaître l'implication et/ou la compétence d'un collaborateur.
- L'absence de moyens financiers ne peut pas justifier une absence de reconnaissance.
- La reconnaissance peut revêtir autant de formes qu'il y a de leviers motivationnels chez le collaborateur.

L'entretien de reconnaissance se déroule en trois étapes.

1. Cadrer le périmètre de la reconnaissance

- Présenter les faits en les contextualisant.
- Rappeler au collaborateur la définition de son poste et son potentiel d'évolution.
- Rappeler le point de départ s'il s'agit d'une progression.
- Rappeler votre confiance.
- Faire prendre conscience des paliers franchis.

Le conseil de l'expert

Attention à ce stade à ne pas céder à la tentation classique d'ouvrir une parenthèse sur un point de non-performance.

2. Faire expliciter par le collaborateur les raisons de son succès

- Procéder à une écoute active du collaborateur.
- Utiliser la reformulation pour valider ses propos.
- Faire le lien entre les deux visions (celle du collaborateur et celle du manager).

Voir annexe 40 : Test – Exercice sur le questionnement.

- Faire le lien avec le dernier entretien d'évaluation.
- Questionner afin d'obtenir des informations (alterner les questions ouvertes et fermées).

3. Terminer l'entretien par un debriefing

- Valoriser les paliers atteints. Le collaborateur a besoin d'avoir une appréciation de son travail.
- Faire dire au collaborateur ce qu'il a appris dans le cadre de sa réussite.
- Faire formaliser par le collaborateur un retour d'expérience (« Au cours de ce projet, j'ai compris que... »).

Le conseil de l'expert

Ne profitez pas de « l'occasion » pour demander une nouvelle implication du collaborateur.

Les questions à se poser

Avant | L'ENTRETIEN DE FÉLICITATION

- Ai-je correctement évalué le niveau de développement actuel de mon collaborateur ?
- Au travers de cette reconnaissance, quelle est la compétence ou le comportement que je veux développer chez mon managé ?
- Ai-je correctement évalué la performance de mon collaborateur ?
- L'objectif était-il suffisamment ambitieux ?
- Quel niveau de confiance ai-je avec mon collaborateur ?

Après | L'ENTRETIEN DE FÉLICITATION

- Ai-je bien identifié les points sur lesquels mon action de management va porter à l'avenir à l'égard de mon collaborateur ?
- Ai-je bien identifié les leviers de motivation de mon collaborateur ?
- Ai-je bien compris les feed-back de management de mon collaborateur ?

Pour conclure

Nous venons donc de voir que le face-à-face managérial, en général, et l'entretien de félicitation en particulier, présentent deux caractéristiques :

- ils revêtent un but précis (au-delà de la félicitation proprement dite) ;
- ils s'inscrivent toujours dans une démarche structurée et donc réfléchie de la part du manager.

L'ENTRETIEN DE RECADRAGE OU DE MISE AU POINT

Expliciter sans démotiver

Les objectifs

- Déterminer l'opportunité d'un recadrage.
- Mettre en place une démarche de recadrage structurée.
- Déterminer les conditions d'une prise de conscience du collaborateur.
- Identifier les risques d'incompréhension.

Le point de départ

Éthan doit recadrer sa collaboratrice. Il a ressassé dix fois dans sa tête la façon dont il allait aborder ce recadrage, il a même hésité à reporter la décision de provoquer ce face-à-face de mise au point. Avec ce risque, inhérent à l'exercice, de ne pas être correctement perçu, voire incompris.

Manager exige un courage quasi quotidien. Les collaborateurs jaugent leur manager surtout à sa capacité à trancher. Dans le même temps, bon nombre de managers font l'erreur de vouloir être « aimé » de leurs équipes.

L'essentiel

Le recadrage devrait être perçu de part et d'autre comme un acte « courant » de management. Il correspond à une volonté du manager de faire acquérir ou de faire reconnaître un niveau de compétences. Mais l'ego du collaborateur et/ou le niveau de confiance du manager peuvent largement hypothéquer l'exercice. N'oublions pas que le collaborateur ne dira que très rarement de façon explicite sa prise de conscience. Pour autant, les individus souhaitent en majorité progresser même sans le dire explicitement.

- Recadrer est un acte de management qui doit être parfaitement compris par le collaborateur.
- Il répond à des critères rigoureux.
- Il s'agit d'un échange et non pas d'un acte d'accusation.

Voir annexe 21: Fiche outil – Préparer votre entretien de recadrage.

- Manager, ce n'est pas marquer des points; ce type d'entretien est en revanche l'opportunité pour le manager de tester sa légitimité au travers de:
  - → son assertivité;
  - → sa capacité d'influence, d'induction;
  - → sa capacité à trancher.

Le conseil de l'expert

S'il s'agit d'un recadrage express, ne nécéssitant pas un entretien, le DESC est une méthode efficace.

L'entretien de recadrage s'articule autour de trois temps.

Voir annexe 25: Fiche outil – Le DESC.

1. L'objet de la mise au point (indispensable)

- Présenter la situation en la contextualisant. Créer un climat d'accueil constructif (contexte, lieu, gestes et postures).
- Présenter et exposer les faits marquants et rien que les faits. Aller droit au but.
- Rappeler au collaborateur la définition de tout ou partie de son poste et les niveaux d'exigence afférents.
- Annoncer l'objectif de l'entretien.
- Rappeler sa confiance.
- Chercher à obtenir une prise de conscience basée sur une volonté constructive du manager d'accompagner son collaborateur à la maîtrise de son poste actuel.

2. Inciter le managé à exposer sa vision de la situation

- Questionner sans interroger afin d'obtenir des informations et valider le niveau de difficulté.
- Utiliser les questions ouvertes pour faire parler le collaborateur.
- Utiliser les questions fermées pour amener le collaborateur à prendre position.
- Utiliser la reformulation pour valider des hypothèses.

3. Tirer les leçons

- Reconnaître s'il y a eu remise en cause du collaborateur.
- Faire prendre conscience des conséquences des erreurs, de la faute ou de la non-performance.
- Faire dire au collaborateur ce qu'il a compris de son échec, de son erreur.
- Proposer son soutien en termes d'accompagnement et de moyens justifiés.
- Renouveler sa confiance:
  - «je sais que je peux compter sur toi»;
  - «je n'ai aucun doute sur ta capacité à rebondir».
- Obtenir un engagement formel du collaborateur sous forme d'un plan d'actions formalisé.

Le conseil de l'expert

L'entretien de recadrage n'est pas un acte d'accusation où le manager s'exprime seul.

Les questions à se poser

Avant l'entretien | SE PRÉPARER

- Ai-je correctement évalué le niveau de développement actuel de mon collaborateur ?
- Quel est l'objectif de mon entretien ? Comment vais-je le présenter à mon collaborateur ?
- Prévoir un «plan B»: il s'agit d'un objectif d'entretien subsidiaire si l'objectif initial ne peut être atteint (à décider au cours de l'entretien).
- Quel niveau de confiance ai-je avec mon collaborateur ?

Après l'entretien | S'AUTOÉVALUER

- L'objectif identifié a-t-il été atteint ?
- Quels étaient les points clés à valider ?
- Quels sont les messages que le collaborateur a voulu me faire passer en termes de management ?
- En quoi l'engagement en termes d'action du collaborateur est-il réaliste ?
- Mon suivi de l'engagement du collaborateur est-il formalisé ?

Pour conclure

Nous venons donc de voir que le face-à-face managérial en général et le recadrage en particulier doivent nécessairement déboucher sur un engagement en termes d'action du collaborateur. Le manager doit alors s'attacher à suivre cet engagement. Il y a toujours un après-entretien plus important encore que l'entretien lui-même.

Au cours de ce type d'entretien, le manager va être éventuellement amené à formuler un refus. Il va donc actionner une qualité essentielle requise en management, à savoir le courage managérial. C'est ce que nous vous proposons d'approfondir dans l'étude de l'entretien de « dire non ».

L'ENTRETIEN DE « DIRE NON »

Faire prendre conscience sans sanctionner

Les objectifs

- Se poser les bonnes questions avant de trancher.
- Mettre en place une démarche d'entretien structurée.
- Conduire son entretien avec assertivité.
- Identifier les risques de conflits.

Le point de départ

Nicolas, manager, s'est vu reprocher « à la machine à café » d'être injuste, de ne pas comprendre ses collaborateurs, ou bien encore de ne pas s'impliquer dans les conflits. Sa crédibilité de manager en général et son courage managérial en particulier sont ici pointés du doigt par ses collaborateurs.

Le conseil de l'expert

Attention à cette tendance qui consiste à reporter régulièrement la confrontation. Le face-à-face managérial est un excellent moyen de développer son assertivité et d'asseoir sa légitimité.

Les décisions de refus du manager sont perçues au travers du prisme de ses collaborateurs. C'est au manager de montrer que les décisions de « dire non » reposent sur **trois piliers essentiels du management** :

- la cohérence ;
- l'objectivité ;
- l'équité.

L'ESSENTIEL

Un entretien de management n'est pas un match de tennis entre le manager et son collaborateur, chacun s'attribuant tour à tour des points. Il s'agit de comprendre, de valider des hypothèses, pas de gagner.

Voir annexe 37 : Test – L'assertivité ou l'affirmation de soi.

Le conseil de l'expert

Un style direct s'impose. Ne pas tourner autour du pot. Surtout si la gestuelle n'est pas affirmée.

Au cours de l'entretien le manager respectera trois phases.

1. L'exposé de sa décision (indispensable)

- Accueillir son collaborateur comme à l'habitude.
- Annoncer sa décision.
- Rappeler au collaborateur le contexte de la prise de décision.
- Annoncer les éventuelles modalités de contrôle pour l'avenir.
- Rappeler sa confiance.

2. Écouter la réaction du collaborateur

- Ne pas refuser l'émotion de son collaborateur, la laisser s'exprimer dans la limite bien sûr des règles élémentaires de vie en société.
- Questionner et reformuler afin de bien comprendre l'état d'esprit du collaborateur.

3. Expliciter et argumenter sa décision

- Étayer son argumentation par son expérience de manager.
- Rapporter des éléments factuels et des données indiscutables.
- Ne pas chercher coûte que coûte à obtenir l'approbation de son collaborateur.
- Ne pas tenter d'user de la manipulation. Sur le long terme, le manager perd en crédibilité.
- Dans la posture et la gestuelle, assumer sa décision. Ne pas afficher d'hésitation.

Voir annexe 14 : Fiche outil – Quelques techniques pour traiter les objections.

Le conseil de l'expert

Savoir accepter des temps morts dans le rythme de l'entretien : ce sont des aérations bénéfiques pour le collaborateur comme pour le manager.

LES QUESTIONS À SE POSER

Avant | L'ENTRETIEN DE « DIRE NON »

- Valider l'argumentaire qui vous amène à prendre cette décision.
- Quel niveau de confiance ai-je avec mon collaborateur ?
- Valider les conséquences sur le collaborateur et le reste de l'équipe.

Pendant | L'ENTRETIEN DE « DIRE NON »

- Ai-je bien identifié les points sur lesquels mon collaborateur rencontre des difficultés (faits marquants à l'appui) ?
- Ai-je bien identifié les solutions à lui apporter afin de donner une nouvelle impulsion à la poursuite et/ou à l'atteinte de l'objectif de la mission ?
- Quels sont les points d'encouragement sur lesquels insister ?
- La prise de conscience est-elle obtenue ?

Après | L'ENTRETIEN DE « DIRE NON »

- Qu'est-ce qui me fait dire que mon message et/ou ma décision a bien été comprise ?
- Dois-je confirmer la teneur de notre entretien par e-mail ? (En fonction de l'attitude du collaborateur.)

POUR CONCLURE

Nous venons donc de voir au travers de l'entretien de « dire non », les points de vigilance que le manager devra observer pour garantir l'atteinte de son objectif d'entretien. Faire preuve de courage managérial et d'assertivité sont des prérequis nécessaires à la crédibilité du manager dans ce type d'entretien en particulier. Il est une autre situation où le manager va devoir redoubler de vigilance, c'est l'entretien demandé par le collaborateur.

L'ENTRETIEN À L'INITIATIVE DU COLLABORATEUR

Écouter avant de proposer une solution

Les objectifs

- Déterminer le droit de poursuite du collaborateur.
- Écouter le collaborateur.
- Développer sa propre capacité d'empathie.
- Identifier les risques d'échec.

Le point de départ

Les collaborateurs de Lucie lui reprochent une attitude de fuite ou bien d'indifférence face à une de leurs difficultés ou une de leurs problématiques. Ils lui reprochent de ne pas être suffisamment disponible pour son équipe ou bien encore de ne pas faire preuve de suffisamment de soutien à l'égard de tel ou tel collaborateur.

L'essentiel

L'état d'esprit avec lequel le manager va traiter la demande d'entretien d'un de ses collaborateurs est déterminant dans la construction de sa légitimité de manager.

Le conseil de l'expert

Les collaborateurs accepteront d'autant mieux de faire l'effort de comprendre les contraintes du manager qu'ils observeront chez lui une réelle capacité à comprendre leur point de vue.

Il convient de distinguer l'attitude de manager pendant et après l'entretien.

Pendant | L'ENTRETIEN

- Adopter une attitude bienveillante de soutien. Le manager direct est le premier interlocuteur de ses collaborateurs.
- Se mettre en position d'écoute pour pouvoir mieux analyser la nature de la demande.
- Ne pas proposer trop vite une solution. Amener le collaborateur à faire des propositions.
- Rappeler sa confiance en cas d'hésitation du collaborateur.

Voir annexe 40 : Test – Exercice sur le questionnement.

- Chercher à obtenir des précisions ou des validations par la reformulation notamment.
- Pratiquer le questionnement.
- Annoncer sa position sans détour si la réponse est évidente et si l'analyse ne requiert aucun délai de réflexion.

Après | L'ENTRETIEN

- Veiller à donner au collaborateur les moyens suffisants pour l'amener à trouver lui-même tout ou partie de la réponse à sa demande.
- Proposer son soutien et renouveler sa confiance.
- Observer de la cohérence entre son management pendant l'entretien et celui qui sera adopté au cours des semaines qui suivent cet entretien.

Les questions à se poser

Pendant | L'ENTRETIEN

- Ai-je bien compris l'exposé de la demande de mon collaborateur ?
- La demande de mon collaborateur est-elle justifiée ?
- Suis-je réellement le bon interlocuteur ?
- Au travers de cette demande, quel est le message que mon collaborateur souhaite me faire passer en tant que manager ?
- Y a-t-il urgence à lui répondre, à trancher sur le champ ?
- Quel niveau de confiance ai-je avec mon collaborateur ?

Après | L'ENTRETIEN

- Ai-je recueilli suffisamment d'informations, ai-je validé suffisamment d'hypothèses pour pouvoir analyser correctement la situation ?

- Est-ce que mon management correspond aux attentes formulées par mon collaborateur ?
- Sinon, quel est le style de management à privilégier à son égard ?
- Ai-je correctement évalué le niveau de développement actuel de mon collaborateur ?
- Par mon attitude et/ou mes décisions ai-je développé chez mon collaborateur son autonomie ?
- Lors d'un prochain entretien de ce type, adopterai-je la même attitude ?

Pour conclure

Nous venons de voir à travers l'étude de différents types d'entretiens les facteurs clés de réussite du face-à-face managérial, à savoir le courage managérial, la capacité d'écoute et la détermination d'un objectif à atteindre.

Le rôle RH du manager

Stéphanie Brouard

6.1 Recruter et intégrer un collaborateur au sein de son équipe

6.2 Développer les compétences de ses collaborateurs

6.3 Développer une juste autorité

RECRUTER ET INTÉGRER UN COLLABORATEUR AU SEIN DE SON ÉQUIPE

Recruter aujourd'hui pour demain et pour longtemps

Les objectifs

- Attirer, recruter et intégrer des collaborateurs au sein de son équipe.
- Aider à bâtir des fiches de poste indiquant les caractéristiques du poste ainsi que les rôles et les missions y afférents.
- Mener des entretiens de sélection en tant que manager.
- Préparer et mettre en place le processus d'intégration d'un nouveau collaborateur.

Le point de départ

Pierre est manager d'une équipe. Son activité est en pleine expansion, il a besoin de nouvelles personnes pour agrandir l'équipe. La dernière fois qu'il a recruté un collaborateur, celui-ci est parti avant la fin de sa période d'essai. Pierre se demande toujours s'il avait suffisamment bien décrit le poste au candidat, puis s'il a consacré assez de temps à son intégration. Toujours est-il que cette expérience lui a coûté beaucoup et qu'il ne souhaite pas reproduire cette erreur à nouveau.

L'essentiel

1. Définir le poste

La définition du poste est faite par le futur responsable hiérarchique en lien étroit avec les services RH.

C'est au manager de définir :

- l'objet du poste ;
- les activités principales ;

- les liens avec les autres postes déjà existants ou en création;
- le périmètre de responsabilités;
- les conditions de réussite;
- les évolutions possibles.

Voir annexe 16: Fiche outil – Préparer votre entretien de recrutement.

Le profil du candidat découle du poste.

C'est alors l'équipe dédiée des RH qui se charge de rédiger le profil et l'annonce.

Pour mener l'entretien, prévoir un temps spécifique pour recevoir le candidat et se montrer totalement disponible.

Au cours de l'entretien, l'attention du manager se porte sur:

- les compétences techniques que les RH ne peuvent pas toujours apprécier aussi précisément que le manager;
- les qualités humaines et relationnelles du candidat, le manager étant à même de percevoir les compatibilités du candidat avec lui-même mais aussi avec les autres membres de l'équipe;
- la motivation du candidat et sa volonté d'implication dans le poste proposé au sein de l'entreprise.

2. Réussir les périodes d'essai et d'intégration

Avant | L'ARRIVÉE DU COLLABORATEUR

- Créer les conditions favorables à l'intégration du collaborateur: dans ses nouvelles fonctions, son nouvel environnement et sa nouvelle équipe afin de le rendre opérationnel le plus rapidement possible.
- Prévenir l'équipe et les personnes en lien avec son poste de l'arrivée du futur collaborateur.
- Préparer son poste de travail.
- Éventuellement choisir un parrain ou un tuteur qui sera chargé d'accompagner la prise de poste du nouveau collaborateur.
- Préparer son parcours de formation.

Le jour | DE L'ARRIVÉE DU COLLABORATEUR

- Être présent le jour de son arrivée et arriver avant lui afin de l'accueillir.
- Commencer par un court moment de convivialité informel.
- Présenter le nouveau collaborateur à l'équipe.
- Lui faire faire une visite mais pas comme un touriste! La visite doit être efficace. À chaque personne présentée, faire le lien avec

l'organigramme préalablement présenté et/ou les différentes activités qu'il aura à réaliser.
- Organiser les entrevues avec les personnes clés de l'entreprise pour la réussite de son poste.

Pendant | LA PHASE D'INTÉGRATION
- Rester présent au moins deux fois par semaine.
- Prévoir des points formels et informels.
- Mener des entretiens intermédiaires.
- Former soi-même le collaborateur, auprès de collègues ou au cours d'une session de formation.

Après | LA PHASE D'INTÉGRATION
- Évaluer objectivement la période d'essai.
- Faire le point avec le parrain ou tuteur.
- Prévoir au minimum une semaine avant la fin de la période d'essai un entretien officiel et formel de validation.
- Recueillir ses besoins.
- Définir le plan d'actions.

Les questions à se poser

- Suis-je clair sur ce que j'attends pour ce nouveau poste ?
- N'ai-je personne à promouvoir en interne ?
- L'équipe est-elle prête à intégrer un nouvel élément en son sein ?
- Y a-t-il au sein de l'équipe un collaborateur à qui je pourrais confier le parrainage ou tutorat du nouveau collaborateur ?
- Ai-je eu suffisamment de temps au cours de la période d'essai pour évaluer le candidat ?

Pour conclure

Intégrer un nouveau collaborateur est un investissement. Prendre le temps de bien définir le poste, d'effectuer le bon choix, puis d'intégrer la personne est un gage de réussite tant pour l'équipe que pour l'entreprise, mais aussi pour le collaborateur lui-même.

DÉVELOPPER LES COMPÉTENCES DE SES COLLABORATEURS

Apprendre en travaillant et non apprendre à travailler

Les objectifs

- Prendre conscience de son rôle de développeur de compétences.
- Identifier les actions qui font progresser les collaborateurs.

Le point de départ

Bob est manager d'une équipe de onze ingénieurs chercheurs. Ses collaborateurs ont des profils très hétérogènes que ce soit en termes de formation initiale, d'ancienneté, d'expérience que d'aspirations. Pour répondre à des demandes spécifiques de nouveaux projets, Bob doit faire appel à des stagiaires ou des doctorants. Ces derniers, une fois la mission réalisée, quittent l'entreprise. Non seulement les collaborateurs de l'équipe sont cantonnés à des tâches plus routinières mais en plus ils ne progressent pas et ne pourront pas répondre demain à des demandes de plus en plus complexes. Bob constate que les compétences de ses collaborateurs stagnent.

L'essentiel

Si la gestion des emplois et des compétences est du ressort des services RH, le manager a lui aussi un rôle essentiel à jouer dans le développement des compétences de ses collaborateurs. On attend de lui qu'il soit capable d'atteindre des résultats, de réussir les projets confiés et d'innover. Le rôle du manager est de faire en sorte d'avoir à temps les compétences nécessaires pour y parvenir.

Le conseil de l'expert

Un manque de performance n'est pas forcément synonyme d'absence de compétences. On étudiera avant tout si l'environnement de travail est favorable pour que le collaborateur exprime tout son talent.

On identifie deux façons de développer les compétences de ses collaborateurs.

1. Organiser le travail et adopter un mode de management qui soit formateur

- Encourager chaque collaborateur à expérimenter de nouvelles façons de travailler afin d'atteindre les objectifs fixés.
- Inciter le travail en équipe pour progresser :
  - → instaurer des échanges de bonnes pratiques au sein de l'équipe et y participer soi-même ;
  - → proposer aux moins expérimentés d'accompagner les plus expérimentés sur certaines actions et, en retour, organiser des tutorats ;
  - → demander au collaborateur de retour d'une formation ou d'un séminaire de faire une courte présentation au reste de l'équipe sur ce qu'il a appris ou découvert.
- Favoriser l'autonomie :
  - → en donnant très régulièrement des retours sur le travail effectué, sur le fond et la forme mais surtout des retours constructifs, une critique seule ne suffit pas ;
  - → en aidant le collaborateur à trouver les solutions plutôt que de les lui donner.

2. Mettre en place des actions de formation

- Choisir le format le plus approprié : animer soi-même la formation, faire animer par un formateur interne, proposer une autoformation, organiser une formation en « intra », c'est-à-dire avec d'autres collaborateurs également concernés ou inscrire à une formation auprès d'un organisme en externe.
- S'impliquer dans la formation de son collaborateur quel que soit le choix : la formation n'est pas une action isolée mais un processus inscrit dans le temps.

Avant | LA FORMATION

- Identifier les écarts de compétences du collaborateur entre celles qu'il possède aujourd'hui et celles dont aurait besoin l'équipe pour fonctionner.
- Valider avec les services RH les objectifs et les contenus de la formation choisie.
- Préparer la formation avec le collaborateur et l'aider à définir ses attentes. Cette action favorise son implication et sa motivation à se former.

Après | LA FORMATION

- Faire un bilan de la formation avec le collaborateur.
- Échanger avec lui sur ce qui l'a marqué, ce qu'il retient.
- Lui faire préciser ce qu'il souhaite mettre en œuvre, comment il va s'y prendre, de quoi il a besoin pour y parvenir avec succès et comment vous, en tant que manager, pouvez être ressource.
- Une courte présentation au reste de l'équipe sur ce qu'il a appris ou découvert contribuera à ancrer ses acquis.

Les questions à se poser

- Quelle est la compétence recherchée au sein de l'équipe ?
- Cette compétence est-elle véritablement « absente » ?
- Quel(s) collaborateur(s) peu(ven)t la développer ?
- Dans quels délais ai-je besoin de cette compétence au sein de l'équipe ?
- En dehors de la formation, quelles actions vont me permettre de la développer ?
- Que puis-je faire pour motiver mes collaborateurs à développer leurs compétences ?

Pour conclure

Développer les compétences de ses collaborateurs est essentiel pour tout manager. C'est aussi une source de motivation et de fidélisation des équipes.

DÉVELOPPER UNE JUSTE AUTORITÉ

Exercer son autorité sans harceler

LES OBJECTIFS

- Cerner la notion de harcèlement.
- Identifier les pratiques managériales à proscrire.
- Adopter un comportement adapté avec ses collaborateurs.
- Prévenir le harcèlement au sein de son équipe.

LE POINT DE DÉPART

Matthias est manager depuis une vingtaine d'années au sein de la même entreprise. Il connaît très bien tous ses collaborateurs et en voit même certains en dehors du cadre professionnel. Ces derniers temps, les rapports se sont tendus avec Michèle. Ses résultats étant en baisse, Matthias a voulu la « suivre de près » pour faire en sorte que ses résultats remontent. Comme il la connaît bien, il était sûr de bien faire en lui faisant des points quotidiens, en la challengeant en pleine réunion d'équipe, en l'installant dans un bureau toute seule afin qu'elle puisse mieux se concentrer... Matthias a été condamné à 1000 euros d'amende et à deux mois d'emprisonnement avec sursis.

L'ESSENTIEL

1. Distinguer pouvoir disciplinaire et harcèlement

- Aucun harcèlement ne peut être reproché à un employeur qui exerce normalement son pouvoir disciplinaire.
- Tout manager a le droit, dans le cadre de son pouvoir de direction et de discipline, de faire des observations à un salarié, spécialement en cas d'insuffisance professionnelle, c'est-à-dire en cas de:

- → non-respect des règles de discipline fixées par le règlement intérieur ou par note de service;
- → non-respect de l'obligation de discrétion et de loyauté;
- → critiques, injures, menaces, violences à l'encontre de tout salarié, client ou fournisseur;
- → erreurs ou négligences commises dans le travail.

- En aucun cas la fixation d'objectifs élevés ne peut constituer un harcèlement.

2. La définition du harcèlement moral

L'article L. 1152-1 du Code du travail définit le harcèlement moral et sert de base aux poursuites civiles ou pénales:

« Aucun salarié ne doit subir les agissements répétés de harcèlement moral qui ont pour objet ou pour effet une dégradation de ses conditions de travail susceptible de porter atteinte à ses droits et à sa dignité, d'altérer sa santé physique ou mentale ou de compromettre son avenir professionnel. »

Sont donc constitutifs du harcèlement moral:

- « des agissements répétés »: il faut donc comprendre qu'un acte isolé ne pourra pas être qualifié de « harcèlement moral »;
- « des agissements »: cette notion peut recouvrer des abstentions ou des omissions coupables ayant pour objet d'isoler ou d'exclure un salarié (par exemple le fait de ne pas convoquer un salarié aux réunions de travail nécessaires à son activité);
- « qui ont pour objet ou pour effet »: on peut commettre des agissements de harcèlement moral sans avoir conscience des répercussions de ces agissements sur les conditions de travail du salarié donc peu importe l'intention;
- « susceptibles de porter atteinte »: le seul comportement de l'auteur des « agissements répétés » est condamnable, même si dans les faits il n'est pas parvenu à ses fins;
- une dernière précision: aucun lien de subordination n'est requis entre l'auteur des faits et celui qui les subit. Cela peut concerner tous les niveaux dans l'entreprise: le hiérarchique, le collègue, le subalterne.

3. Les sanctions à l'encontre de l'auteur de harcèlement moral

- L'auteur de harcèlement moral peut être le manager mais aussi tout autre employé de l'entreprise : un collègue, un collaborateur, un autre supérieur hiérarchique... aucun rapport d'autorité n'est exigé !
- Tout salarié ayant procédé à des agissements constitutifs de harcèlement moral est passible d'une sanction disciplinaire – licenciement pour faute grave – (Article L. 122-50 du Code du travail).
- Toute personne, y compris le salarié, peut être condamnée pénalement à un an d'emprisonnement et 15 000 € d'amende (article 222-33-2 du Code pénal). C'est un délit correctionnel.
- La victime peut obtenir des dommages-intérêts en réparation du préjudice dont elle a souffert.

4. Être exemplaire soi-même en tant que manager

Pour faire respecter la discipline au quotidien, chaque manager se doit d'être exemplaire lui-même :

- être présent, ponctuel et disponible quand on a besoin de lui ;
- connaître et respecter les clauses importantes du règlement intérieur.

5. Les comportements managériaux à proscrire

- Isoler un collaborateur.
- Critiquer ou dénigrer un collaborateur en public.
- Expédier une avalanche d'e-mails qui ne se justifient pas.
- Surveiller de façon trop étroite un collaborateur par rapport aux autres.
- Écouter ou contrôler des conversations (violation de la vie privée).
- S'ingérer dans la sphère privée.
- Émettre des évaluations subjectives négatives.

Les questions à se poser

- Suis-je assez à l'écoute de mes collaborateurs ?
- Ai-je régulièrement des entretiens informels avec chacun ?
- Les termes que j'emploie lorsque je m'adresse à eux sont-ils toujours mesurés ?
- Le récepteur de mes messages donne-t-il le même sens que moi ?
- Est-ce que je pense bien au respect des usages de la politesse, y compris dans la communication par e-mail ?
- Mes critiques sont-elles toujours constructives ?
- Quels sont les rapports de mes collaborateurs entre eux ?

Pour conclure

Même sans en avoir l'intention, tout manager peut adopter un comportement assimilable à du harcèlement moral. Il est important de :

- garder de l'objectivité dans ses rapports avec les autres collaborateurs afin d'éviter les « régimes » discriminants, et mettre de côté ses sentiments personnels et revendications à l'égard de l'autre ;
- respecter chaque personne dans les échanges (dialogues, e-mails, notes...) afin d'éviter toute humiliation, tout dénigrement ou toute attitude susceptibles de rabaisser ou de blesser.

Faire face aux conflits et problèmes au sein de l'équipe

Christine Marsan

DISTINGUER PROBLÈME À RÉSOUDRE ET CONFLIT

Désamorcer un problème avant qu'il ne dégénère

Les objectifs

- Distinguer un conflit d'un problème.
- Distinguer un problème de ce qui *me* pose problème.
- Choisir la méthode appropriée au problème identifié.
- Résoudre une situation qui pose problème afin d'anticiper un conflit.

Le point de départ

Jack est en charge de la prévention des risques professionnels au sein de l'entreprise. Au cours d'une réunion d'information, il explique aux différents salariés comment remplir les documents. Durant la réunion, certaines personnes se braquent, disent qu'elles n'ont pas le temps, que c'est de la paperasse inutile. Jack ne sait pas très bien comment se sortir de la situation et obtenir l'adhésion de tous.

L'essentiel

Le quotidien de la vie professionnelle est fait de situations délicates qui posent problème et peuvent parfois déboucher sur des conflits.

Il est important de déceler au plus vite un cas litigieux, puisque tout problème étant le fait de personnes ou ayant des conséquences pour des individus deviendra une problématique relationnelle.

Manager, c'est gérer quotidiennement des situations en constante évolution, des changements, des imprévus, dans des contextes de croissance comme de pénurie... Ces mutations permanentes ont des effets sur les méthodes de travail, les compétences, les connaissances, les frontières entre tâches, rôles, territoires, les organisations, les délimitations des zones d'influence et de responsabilité de projets.

Les intérêts des uns ne rencontrent pas ceux des autres et mènent à des tensions.

1. Différencier problème et conflit

- Le problème est du registre du rationnel, le conflit du registre de l'émotionnel.

Problème	Conflit
- Le problème est mesurable. - Le problème est un écart entre une situation existante et une situation souhaitée. - Le problème génère une insatisfaction acceptable.	- Le conflit n'est pas toujours mesurable. - Le conflit est une opposition. - Le conflit éclate lorsqu'il y a accumulation d'insatisfactions, résultantes d'un ou de plusieurs problèmes non résolus.

- Sachant faire la différence entre problème et conflit, il devient possible de régler la situation délicate et d'anticiper les tensions et les difficultés relationnelles.

2. Résoudre le problème étape par étape

Le processus de résolution de problème est une approche méthodique et efficace, qui permet d'analyser et de dégager des solutions. Il assure, autant que possible, que les solutions mises en place apportent des améliorations à long terme et non des arrangements temporaires.

1. IDENTIFIER LE PROBLÈME

- Distinguer s'il s'agit d'un problème, d'un conflit ou d'une crise.
- Identifier d'où vient le problème et comment le problème se maintient.
- Identifier les enjeux du problème.
- Réunir toute information utile.

Dans le cas de Jack, les personnes ne saisissent pas l'intérêt de la démarche.

2. ANALYSER LE PROBLÈME

- Repérer le problème que cela pose et rechercher ce que cela renvoie.
- Se demander «quels sont les problèmes? leurs significations?» plutôt que «quel est le problème? sa signification?»
- Chercher d'autres manières de voir.

Dans le cas de Jack, il ne parvient pas à faire entendre que c'est une obligation légale de remplir les documents correctement. Et surtout, il se rend compte que ce qui l'empêche d'être convaincant c'est qu'il est en fait d'accord avec les oppositions des salariés et ne parvient pas alors à défendre convenablement sa position et celle de l'institution.

3. DÉGAGER LES SOLUTIONS POSSIBLES

- Subdiviser le problème et faire émerger des solutions sur chacune de ses composantes.
- Commencer par résoudre son propre conflit (ce qui *me* pose problème).
- Générer une grande diversité d'idées.
- Séparer absolument la recherche d'idées et leur faisabilité.
- Combiner les solutions trouvées.
- Élaborer les idées sous forme de scénarios d'action.

Dans le cas de Jack, résoudre déjà son conflit de valeurs lui permettra d'être pleinement porteur du message de l'institution. Il pourra ensuite examiner les objections des salariés afin de trouver des réponses pour anticiper les prochaines réunions.

4. CHOISIR ET PLANIFIER UNE SOLUTION

- Comparer les avantages et inconvénients des différentes solutions dégagées.
- Prendre en compte tous les aspects de coûts, délais, faisabilité mais aussi les risques et effets secondaires possibles.

Dans le cas de Jack, il choisit d'identifier ce qui lui pose problème, comprend qu'il préfère aller sur le terrain, partir des situations concrètes et des risques identifiés avec les salariés, trouver ensemble des solutions et terminer ensuite par remplir le document légal.

5. METTRE EN ŒUVRE LA SOLUTION

- Définir les étapes de mise en œuvre des solutions : tâches à réaliser, planification et coordination des différentes actions.

Dans le cas de Jack, il réalise une tournée auprès des salariés et, quelques semaines plus tard, met en place une réunion durant laquelle chacun remplit le document.

6. ÉVALUER LA SOLUTION ET ÉTABLIR UN PLAN D'ACTIONS ET DES CORRECTIONS ÉVENTUELLES.

Dans le cas de Jack, il a convaincu sa direction du bien-fondé de partir des besoins et des situations quotidiennes des salariés. Ceux-ci se sentent rassurés par la prise en compte de leur réalité concrète. La confiance s'établit avec leur interlocuteur. Ils arrivent en meilleure disposition pour la réunion et leur contribution est alors bien plus constructive.

Les questions à se poser

- S'agit-il d'un problème ou d'un conflit ?
- Qu'est-ce qui pose problème et *me* pose problème ?
- Est-ce que je parviens à passer avec succès chacune des étapes de la résolution du problème ?
- Comment vais-je apprécier que je l'ai résolu ? Quels sont mes indicateurs de mesure ?

Pour conclure

Un problème n'est pas, ou pas encore, un conflit. Savoir identifier et/ou résoudre un problème aide à anticiper les conflits que nous allons examiner dans la séquence suivante.

ANTICIPER UN CONFLIT

Penser « avant » pour ne pas panser « après »

Les objectifs

- Comprendre ce qu'est un conflit.
- Identifier les attitudes les plus adaptées pour prévenir un conflit.
- Gérer l'expression de l'agressivité.
- Apaiser la relation.
- Fluidifier les échanges au sein de l'équipe.

Le point de départ

Dans l'équipe de Pierre, l'ambiance a soudain changé. Tandis que tous les collaborateurs aimaient se retrouver auprès de la machine à café pour discuter à bâtons rompus, voilà qu'en deux jours, rares sont ceux qui s'y rendent ; de petits groupes se sont créés, des messes basses se font de-ci, de-là et Pierre constate des regards en biais entre ses équipiers. L'atmosphère est lourde, chargée de tensions et de non-dits. Il cherche à comprendre ce qui s'est passé afin d'anticiper conflits et explosions au sein de l'équipe.

L'essentiel

Un conflit est une situation qui concerne au minimum deux personnes qui ne sont pas d'accord et qui visent un objectif commun. Ne pas parvenir à s'entendre entraîne une tension, mobilise les émotions pour maintenir sa position et crée alors les conditions de l'agressivité qui, pour beaucoup, est aussi désagréable à vivre que difficile à gérer.

1. Comprendre

DISTINGUER CONFLIT, VIOLENCE, AGRESSIVITÉ ET STRESS

- C'est la montée en puissance de la charge émotionnelle relative à l'opposition, à la confrontation entre deux personnes qui fait monter la pression et qui conduit chacun des protagonistes à éprouver du stress.
- Ce qui peut se traduire par de la violence vécue comme seule issue possible pour manifester la tension interne.

L'INTÉRÊT DU CONFLIT

- Tant que deux personnes sont en conflit, la bonne nouvelle c'est qu'elles se reconnaissent une légitimité.
- Elles respectent leur altérité respective, même si en l'occurrence elles ne sont pas d'accord.
- Lorsque l'on bascule dans la violence verbale ou physique, le problème réside dans le fait que l'on ne reconnaît plus à l'autre sa place et sa capacité à être différent et d'un autre avis que soi.
- La manifestation de la violence est une négation d'autrui et c'est pour cela qu'il est préférable de l'éviter car ses dommages sont plus importants que les effets d'un conflit.
- Le cas du harcèlement moral est la plus criante expression de cette violence symbolique, qui vise à détruire autrui.

POURQUOI L'AGRESSIVITÉ ?

- L'agressivité provient souvent de la frustration de ne pas obtenir quelque chose, de l'accumulation de situations insatisfaisantes.
- Elle peut aussi être la conséquence de la peur relative aux changements et aux remises en cause qu'ils impliquent.
- Deux issues majeures face à la peur : le repli, la fuite, l'inertie ou alors l'usage de la colère et de l'agressivité pour rendre compte de son impuissance et de son désarroi.

Ainsi en connaissant mieux les rouages des conflits, des violences et de l'agressivité, il devient plus aisé d'apporter les réponses adéquates.

2. Réagir

- Prendre en compte la charge émotionnelle :
  - → développer sa disponibilité afin d'écouter ce que l'interlocuteur cherche à dire ;
  - → faire preuve d'empathie afin de se mettre à la place de l'autre et comprendre les raisons de son attitude ;
  - → accueillir les émotions de la personne – agressivité, colère, peur, et aussi les manifestations de ses tensions – expression des frustrations, des mécontentements, des ressentiments ;
  - → ne pas se sentir attaqué, visé et atteint par les propos de son interlocuteur, son agressivité ne nous vise pas personnellement, elle exprime un trop plein, un ras-le-bol ;
  - → si nous sommes réellement en cause dans la manifestation de l'agressivité d'autrui, montrer d'abord de l'empathie, de l'écoute, fixer les limites tolérables en matière d'expression des émotions et ensuite faire part de son propre point de vue ;
  - → écouter les arguments jusqu'au bout sans interrompre, ce qui donne à l'interlocuteur l'impression d'être reconnu et pris en compte.
- Avoir une attitude posée, calme, bienveillante et constructive :
  - → tout en écoutant, en accueillant ce que la personne nous dit, il est aussi important de conserver un ton de voix calme, sans animosité, démontrant que l'on ne réagit pas aux propos d'autrui et qu'on les comprend ;
  - → reformuler ce qui est dit de telle manière que l'on démontre à son interlocuteur que l'on a compris ses arguments ;
  - → identifier avec lui les options possibles pour sortir de la situation qui pose problème ou du conflit.

3. Anticiper le conflit

- Identifier les signes avant-coureurs.
- Déceler les changements d'attitude : mise en retrait, quelqu'un devient bougon, certaines personnes ne se parlent plus dans l'équipe.
- Écouter les silences lorsque vous rentrez dans un bureau ; si les conversations cessent, s'interroger, se demander ce qui se passe.

- Prendre en considération les non-dits.
- Faciliter l'expression régulière des différends.
- Préciser que les émotions aussi peuvent s'exprimer, que rien n'est tabou et que tout peut se dire, pour autant que chacun reste dans une attitude respectueuse vis-à-vis d'autrui, sans agressivité excessive, nocive pour chacun.
- Expliquer lors de réunions d'équipe comment vous souhaitez que l'équipe fonctionne, notamment en situation délicate. À partir de ces principes, se donner les moyens de parler de tous les sujets afin que la parole circule et que l'expression soit fluide.
- Donner des signes de reconnaissance à chaque fois qu'un conflit a pu être évité ou lorsqu'il a été résolu ; cela encourage les personnes à capitaliser sur des bonnes pratiques relationnelles.

Les questions à se poser

- Est-ce que les collaborateurs ont changé d'attitude ? Les non-dits sont-ils plus importants qu'auparavant ? Une tension est-elle décelable au sein de l'équipe ?
- Existe-t-il des situations qui posent problème et qui pourraient évoluer vers un conflit ?
- Comment est-ce que je réagis en situation de tension ? Ai-je les bons réflexes ?

Pour conclure

Prévenir un conflit facilite les relations dans l'équipe. Apprendre à chacun de ses membres comment accueillir et exploiter les manifestations émotionnelles relatives aux conflits permet de retrouver dynamisme et fluidité dans les relations, ce qui libère les capacités de créativité et d'innovation nécessaires aux équipes en constant changement.

GÉRER UN DÉSACCORD

Encourager la médiation et tirer les bénéfices du conflit

Les objectifs

- Comprendre les mécanismes d'un conflit et les dommages de l'agressivité.
- Identifier les étapes nécessaires pour sortir gagnant d'un désaccord.
- Appliquer une méthode de médiation facilitant la gestion des conflits.

Le point de départ

Dans l'équipe d'Isabelle, deux collaborateurs ont obtenu les mêmes résultats à la fin de l'année et prétendent à la même promotion accompagnée d'une augmentation. Le fait que l'un des deux seulement soit retenu crée un conflit entre les deux personnes. Un sentiment d'injustice anime celui qui n'a pas reçu la promotion et chacun reste rivé sur sa position car l'enjeu est la reconnaissance du travail fourni, de la compétence.

Isabelle doit trancher et trouver une issue au désaccord.

L'essentiel

Un désaccord peut très vite évoluer en conflit de par le fait que chacun reste campé sur ses positions. Alors comment faire pour déminer une situation tendue, éviter l'escalade et les blocages ?

1. Comprendre

Le désaccord ne pose pas de problème tant que les parties prenantes échangent.

Le désaccord pose problème dès lors que:

- l'émotionnel s'en mêle et la charge affective bloque les arguments de chacun;
- l'enjeu devient personnel et l'échange dérive vers un dialogue de sourds;
- les arguments sont noyés dans les ressentiments;
- la rancune accumulée se traduit par une tension accrue tant que le conflit n'est pas résolu;
- des marques d'agressivité s'expriment à travers des éclats de voix, de la colère voire même des manifestations ponctuelles de violence physique et verbale.

Il existe trois grandes attitudes face à l'agressivité, elles nous viennent de notre patrimoine commun avec les animaux:

- la fuite;
- la confrontation;
- la soumission.

Puis l'être humain a développé d'autres attitudes:

- l'évitement;
- le contournement;
- les attitudes de manipulation;
- l'affirmation de soi, appelée également assertivité.

Voir annexe 37: Test – L'« assertivité » ou l'affirmation de soi.

2. Réagir

Adopter la démarche de résolution d'un conflit entre deux personnes: la **médiation.**

Il s'agit de proposer, lorsque deux personnes sont en désaccord, qu'une tierce personne – le manager, le N + 1 ou un médiateur interne ou externe à l'entreprise – facilite les échanges de manière à sortir de la crise relationnelle et à construire une issue durable.

POSER LE CONTEXTE

Décrire la situation, analyser les causes, identifier les différentes parties prenantes.

ÉTABLIR LE CONTRAT

Comment vont se parler les deux personnes en conflit ? Expliciter les besoins de respect, d'écoute, de libre expression, éviter la reprise d'un ton agressif. Fixer tous les éléments nécessaires pour donner les conditions d'une communication efficace et non-violente. Ce contrat implicite, voire rédigé dans certains cas, a valeur de cadre entre les personnes en désaccord et le tiers, médiateur ou manager, aura alors la légitimité pour « recadrer » s'il y a dérive.

FIXER LA FINALITÉ DE LA MÉDIATION

Donner l'objectif final à atteindre, c'est-à-dire la résolution du conflit, les moyens pour dépasser les tensions et les ressentiments, et partir sur de nouvelles bases constructives.

ÉTABLIR LE DIAGNOSTIC

Une fois que les deux interlocuteurs auront exprimé leur point de vue, réaliser avec eux le diagnostic de la situation, obtenir de chacun l'accord sur le désaccord.

GÉRER L'ÉMOTIONNEL ENTRE LES DEUX PROTAGONISTES

Faire reformuler à chaque personne le point de vue de son interlocuteur, ce qui permet de se décentrer de son point de vue et de son ressenti.

PRENDRE EN COMPTE L'ARGUMENTATION D'AUTRUI

Cette écoute et cette reformulation facilitent également la compréhension de l'argumentation de l'autre, cela permet de se mettre à sa place émotionnellement et intellectuellement.

RÉALISER UNE SYNTHÈSE DU DIFFÉREND À MI-PARCOURS

Une fois les deux points de vue écoutés, réaliser une synthèse qui aboutit à un accord sur l'évolution du processus de résolution du conflit.

IDENTIFIER LES DIFFÉRENTES ÉTAPES BLOQUANTES DANS LE CONFLIT

Évaluer avec chacun, point par point, les étapes bloquantes et les discuter entre les deux protagonistes. Le médiateur facilite les échanges et l'écoute des différents points de vue.

RECHERCHER DES PROPOSITIONS

Chacun est invité à proposer des solutions réalistes, constructives et pérennes. Brainstorming et ensuite évaluation des pistes les plus pertinentes. Choix de la ou des solutions les plus adaptées.

RÉDIGER UN PLAN D'ACTIONS

Une fois la solution sélectionnée, établir un plan d'actions comprenant les objectifs, les moyens, les ressources, les indicateurs de suivi, les modalités de contrôle en cas de dérapage.

CONCLURE ET SUIVRE

Vérifier régulièrement que les progrès relationnels sont notables, que le plan d'actions est mis en place, évaluer le suivi et recadrer s'il y a dérive, et ne pas avoir peur de dérouler la méthode à nouveau si le conflit reprend.

Les questions à se poser

- Qu'est-ce qui se passe entre deux personnes : simple désaccord ou conflit ? Est-ce que de l'agressivité est perceptible au sein de l'équipe ?
- Quelles en sont les causes ? Qui sont les acteurs concernés ?
- Que mettre en place au plus vite ?

Pour conclure

Ne pas avoir peur des conflits et des désaccords, ils sont parfois stimulants, démontrent des problèmes et des dysfonctionnements à résoudre et peuvent même être sources de créativité et d'innovation. Ne pas craindre les émotions, elles sont le liant et les couleurs de la vie, il suffit de savoir les gérer. Cela s'apprend et tout devient simple, accessible, et les relations humaines retrouvent alors tout leur intérêt.

Faire face aux situations particulières

Jack Durand et Stéphanie Brouard

8.1 Manager une équipe de débutants
8.2 Manager une équipe expérimentée
8.3 Manager une équipe d'anciens collègues
8.4 Manager la diversité
8.5 Manager en transversal

MANAGER UNE ÉQUIPE DE DÉBUTANTS

Gérer l'impatience sans décourager

Les objectifs

- Déterminer les enjeux d'une équipe de ce type.
- Mettre en place une démarche d'accompagnement structurée.
- Mieux prendre en compte le profil et le fonctionnement de vos collaborateurs débutants.
- Identifier les sources d'échec sur ce type d'équipe.

Le point de départ

Rachel manage une équipe de débutants. Il lui a été reproché de ne pas suffisamment accompagner son équipe, voire de laisser ses collaborateurs sans réponse, en un mot de ne pas être suffisamment présente et disponible.

Tout est affaire de dosage de la part du manager et de perception de la part de ses collaborateurs. S'agit-il d'un véritable SOS lancé par une équipe en quête de réassurance ou bien de collaborateurs plus à l'aise dans un management plus directif ? Le manager trouvera une partie de la réponse dans la « boîte noire » que constitue la performance de son équipe et plus encore la façon dont cette performance est obtenue.

L'essentiel

Le choix de tel ou tel style de management ne va pas de soi. Il correspond à une démarche consciente du manager pour s'adapter au degré de maturité de son collaborateur (en termes de niveau de compétence et d'engagement attendus). Ces deux aspects fondamentaux du profil d'un collaborateur étant liés.

Face à une équipe débutante, le manager cherchera au travers de son action à :

Voir annexe 34 : Test – Quel est votre style de management ?

- structurer, donner un cadre, afficher un cap ;
- se centrer sur l'activité, les résultats à atteindre ;
- rassurer ses collaborateurs au travers de son management.

Le management d'une équipe débutante doit porter particulièrement sur trois points.

1. Donner des perspectives (indispensable)

- Pour se rassurer le débutant a besoin de s'inscrire dans un schéma de progression. Rappeler la cible à atteindre en termes de tenue de poste.
- Rappeler au collaborateur la définition de son poste et son potentiel d'évolution. Annoncer les évolutions possibles.

Voir annexe 42 : Exemple – Cartographie des niveaux d'autonomie de l'équipe.

- Rappeler sa confiance dans sa capacité à progresser vers la maîtrise de son poste actuel.

Le conseil de l'expert

On considère généralement quatre stades de dépendance dans le développement d'un collaborateur envers son manager :

- la dépendance ;
- la contre-dépendance ;
- l'indépendance ;
- l'interdépendance (le manager et son collaborateur s'apportent mutuellement quelque chose).

2. Affirmer le type de dépendance manager/collaborateur et donc sa forme d'autorité

- Proposer son soutien et renouveler sa confiance.
- Questionner afin d'obtenir des informations et valider le niveau de difficulté rencontré dans les différentes fonctions de l'équipe. Ne pas hésiter à reconsidérer certains objectifs ou leurs niveaux.
- Annoncer à l'avance la zone d'autonomie définie.
- Décrire avec précision ce qui est attendu des collaborateurs.

- Annoncer les modalités de contrôle.
- Accepter le « droit à l'erreur », mais fixer préalablement les règles du jeu.

Le conseil de l'expert

Ne pas confondre encourager (reconnaître une progression) et féliciter (reconnaître l'atteinte d'un objectif ou l'obtention d'un résultat).

3. Donner l'impulsion

- Faire prendre conscience des paliers franchis et encourager.
- Faire dire régulièrement au collaborateur ce qu'il a appris.
- Faire formaliser par le collaborateur tout retour d'expérience.
- Valoriser les paliers atteints. Le collaborateur a besoin de savoir comment le manager évalue son travail.
- Rappeler régulièrement à l'équipe que l'objectif du manager est précisément de rendre l'équipe autonome pour qu'elle produise la performance attendue.
- Pratiquer régulièrement le brainstorming afin de développer la participation et la critique constructive.

Le conseil de l'expert

Attention au piège de la double commande ou du travail dit « en bonnes sœurs » !

Certains collaborateurs débutants ont du mal à se séparer du support de leur manager. Ce dernier doit les pousser à s'émanciper, à travailler par eux-mêmes, en un mot, à prendre des risques.

Les questions à se poser

- Ai-je correctement validé le niveau de développement actuel de chacun de mes collaborateurs ?
- Chacun de mes collaborateurs a-t-il totalement conscience de son niveau actuel ?
- En quoi mon comportement de manager a-t-il permis l'atteinte de telle ou telle performance de l'équipe ?

- Est-ce que dans mon comportement quotidien de manager, j'insuffle suffisamment d'optimisme ?
- Au cours des entretiens d'évaluation, est-ce que je demande à mes collaborateurs de s'autoévaluer préalablement à mon évaluation ?
- Est-ce que je développe à l'égard de mes collaborateurs débutants une écoute active ?

Voir annexe 24 : Fiche outil – Identifier les modes d'apprentissage de chaque collaborateur.

Pour conclure

Nous venons d'appréhender les facteurs clés de réussite dans l'accompagnement d'une équipe de débutants. Nous connaissons à présent le sens à donner à ce type de management basé sur l'**entraînement** et la démonstration. Nous percevons donc bien tout l'enjeu du tutorat que le manager va pouvoir développer parmi ses collaborateurs seniors.

MANAGER UNE ÉQUIPE EXPÉRIMENTÉE

S'imposer sans imposer

Les objectifs

- Maintenir le niveau d'engagement.
- Mettre en place une démarche d'accompagnement adaptée à ce type de collaborateurs.
- Mieux prendre en compte le profil et le fonctionnement de vos collaborateurs expérimentés.
- Identifier les sources d'échec sur ce type d'équipe.

Le point de départ

Julien a pris, il y a quelques mois, la responsabilité d'une nouvelle équipe. C'est son deuxième poste de management. Le vendredi après-midi touche à sa fin et Julien s'octroie un temps de réflexion sur son action et les difficultés rencontrées au quotidien. Il constate qu'une équipe de collaborateurs compétents et autonomes est quelque chose de nouveau pour lui au sens où les enjeux et les leviers de management sont différents de son poste de management précédent. Il note, au cours de sa réflexion, un certain décalage et se fixe pour objectif d'analyser et de comprendre ce décalage qui se traduit d'ailleurs, en pratique, par une baisse de motivation assez diffuse au sein de l'équipe.

L'essentiel

La spécificité d'une équipe expérimentée est, en principe, de produire de la performance puisque précisément les niveaux de compétences attendus sont atteints, voire dépassés.

Un collaborateur compétent sur le plan technique ne performe que parce qu'il est engagé. Obtenir, préserver ou restaurer cet engagement est un des rôles majeurs du manager.

Le manager pourra, par exemple, amener ce collaborateur à parrainer, à former ou à être relais d'information, en un mot être référent auprès de ses collègues débutants.

Le conseil de l'expert

Attention : l'évaluation du niveau de développement d'un collaborateur (compétences et niveau d'engagement attendus) s'établit toujours au regard du poste occupé.

Le management d'une équipe expérimentée doit s'articuler autour de trois axes.

1. Reconnaître (indispensable)

- Valoriser l'expertise et donc reconnaître le niveau de compétences attendu puisqu'il est acquis. Les collaborateurs ont besoin d'une confirmation.
- Reconnaître le niveau d'engagement (à savoir la motivation et la confiance en soi) d'autant qu'il ne va pas de soi.
- Rappeler au collaborateur la définition de son poste et surtout le potentiel d'évolution lié à ce poste.
- Développer un reporting d'autonomie (basé sur l'expertise, la remontée d'information et non pas sur un contrôle trop scolaire).
- Développer le tutorat des équipes auprès des jeunes collaborateurs d'autres équipes.

Le conseil de l'expert

Attention ! Une équipe est avant tout un groupe qui possède en lui-même des capacités à :
- se construire ;
- se réguler ;
- se détruire.

Le manager doit, par son observation quotidienne, en prendre conscience.

2. Préserver la motivation

- Identifier et confirmer le type de motivation des collaborateurs et de l'équipe. L'équipe développe une capacité à se réguler et donc à fonctionner. Pour le manager, il s'agit d'en connaître et d'en comprendre les modalités.

- Renouveler sa confiance en **associant l'équipe à la prise de décisions**.
- Valoriser les paliers atteints. Le collaborateur a besoin d'avoir une appréciation de son travail de la part de son manager.
- Se laisser convaincre par ses collaborateurs. Savoir se remettre en cause et changer de point de vue.
- Annoncer des modalités de contrôle adaptées au niveau élevé d'expertise de votre équipe.
- Développer prioritairement son engagement communautaire au sein de l'équipe (dans ce type d'équipe c'est le collectif qui est à développer). Le management individuel passe au second plan.

3. Développer la confiance

- Adopter un comportement transparent basé sur les trois piliers du management :
  - → l'objectivité ;
  - → l'équité ;
  - → la cohérence.
- Établir une relation « d'égal à égal ». Le manager sollicite l'avis, l'expertise, le conseil de ses collaborateurs.
- Considérer son équipe dans **une relation d'adulte à adulte**. Celle-ci est capable de faire un feed-back de management tout à fait instructif pour l'amélioration des compétences managériales.

Le conseil de l'expert

Attention à l'ego qui empêche parfois le manager d'adopter cette attitude.

- Annoncer à l'avance la zone d'autonomie définie.

Les questions à se poser

- La mission proposée était-elle délégable ?
- Quel niveau de confiance ai-je avec mon collaborateur ?

- Ai-je suffisamment associé mon équipe aux prises de décision ?
- Posez-vous toujours la question de votre plus-value de manager. Qu'est-ce que j'apporte à l'équipe, à chacun de mes collaborateurs ?
- Mon style de management contribue-t-il à l'obtention d'un bon niveau d'engagement de l'équipe ?

Au cours de l'entretien d'évaluation d'un collaborateur expérimenté, votre questionnement portera plus particulièrement sur :

- ce que lui apporte aujourd'hui sa fonction ;
- ses souhaits d'évolution ;
- ce qu'il veut apprendre et/ou découvrir demain.

Pour conclure

Nous venons d'appréhender les facteurs clés de réussite dans l'accompagnement d'une équipe autonome et compétente. Nous connaissons à présent le sens à donner à ce type de management basé sur la **confiance** et l'**association**. Nous percevons donc bien, dans ce type d'équipe, tout l'enjeu du management centré principalement sur la relation et non pas sur l'activité.

MANAGER UNE ÉQUIPE D'ANCIENS COLLÈGUES

Faire du nouveau avec du vieux

LES OBJECTIFS

- Déterminer les enjeux d'une équipe de ce type.
- Comprendre le comportement spécifique d'anciens collègues.
- Mettre en place une démarche d'accompagnement adaptée à ce type de collaborateurs.
- Identifier les sources d'échec sur ce type de relation managériale.

LE POINT DE DÉPART

Après le départ de leur ancien manager, la direction de l'entreprise a promu Chen et lui a confié la direction du service. Chen se retrouve à manager ses anciens collègues. Malgré les difficultés rencontrées, il fait de son mieux pour y parvenir. Malheureusement, il s'est vu reprocher par ses collaborateurs ex-anciens collègues de ne plus se comporter « comme avant », voire de jouer les « petits chefs » !

Ce type de situation (courante dans les entreprises qui favorisent la promotion interne) est régulièrement entouré d'un malentendu entre le nouveau manager et son équipe. Le management en général et la relation aux membres de l'équipe en particulier doivent être porteurs de sens. Le manager doit rester avant tout cohérent avec la vocation première de sa fonction, à savoir le développement des compétences et de l'implication de ses collaborateurs afin d'obtenir une performance d'équipe.

L'ESSENTIEL

Plus encore qu'avec une autre équipe, le manager devra chercher à développer son leadership au travers de différentes dimensions constitutives de sa légitimité de manager (voir chapitre 11 : Développer son influence – le leadership du manager).

1. L'authenticité

- Annoncer ses valeurs de management.
- Rappeler aux collaborateurs les rôles du manager.
- Rappeler sa volonté de jouer pleinement son rôle au service du développement de chacun et de la performance de l'équipe.
- Proposer son soutien et renouveler sa confiance.
- Annoncer les modalités de contrôle.
- Montrer une certaine estime de soi. Ne pas trop dépendre de son équipe.

Le conseil de l'expert

Ne pas chercher à être aimé de tous. Le manager doit tendre vers plus d'objectivité, de cohérence et d'équité, même si cela ne plaît pas à tous.

2. La détermination

- Définir un **projet de management** pour l'entité.
- Afficher sa **vision** et le **cap** proposé.
- Valoriser les paliers atteints par l'équipe. **Fêter les succès**.
- Questionner afin d'obtenir des informations et valider les niveaux de difficulté.
- Annoncer à l'avance la zone d'autonomie définie.
- Montrer de la persévérance dans son action.

Le conseil de l'expert

Savoir reconnaître le travail de son équipe et mettre d'abord l'équipe en avant.

Voir annexe 12 : Exemple – Cartographie des niveaux d'autonomie de l'équipe.

3. L'implication

- Savoir montrer une implication importante dans ses nouvelles fonctions. Les collaborateurs attendent particulièrement le manager sur ce point.

- Développer le management à la fois sur **l'axe de l'activité** (**le quoi** : les missions, les objectifs, les résultats...) et sur **l'axe de la relation humaine** (**le comment** : savoir identifier les difficultés rencontrées, les moyens à envisager, les formations à obtenir...).
- Développer, par des actions quotidiennes, le sentiment d'appartenance de l'équipe.

Le conseil de l'expert

Attention au piège de l'autoritarisme : la légitimité du management ne se mesure pas sur la forme mais sur le fond, c'est-à-dire par la capacité de persuasion et d'influence du manager.

4. La transparence

- Inviter les collaborateurs à formuler des feed-back de management.
- Démontrer la cohérence des décisions prises.
- Solliciter l'équipe lorsque certaines décisions ne s'imposent pas de façon évidente.
- Accepter et favoriser une critique constructive.
- Développer une relation d'adulte à adulte.
- Faire un lien avec l'action passée. Ne pas opérer de virage à 180° dans sa façon de fonctionner et dans ses valeurs (ce qui est le pire) en raison de ce nouveau rôle de manager.

5. L'affirmation de soi

- Accepter des collaborateurs des feed-back de management.
- Savoir exprimer un refus en cohérence avec vos valeurs et les règles du jeu annoncées.
- Faire prendre conscience aux collaborateurs des contraintes à prendre en compte par l'équipe (structure, environnement, organigramme...).

Voir annexe 37 : Test – L'« assertivité » ou l'affirmation de soi.

Les questions à se poser

- Ai-je bien identifié les points sur lesquels mon collaborateur remet en cause mon management (faits marquants à l'appui) ?

- Ai-je adopté le bon niveau d'autorité en rapport avec la situation et son enjeu ?
- Ai-je bien mis en lumière la plus-value de mon management dans l'obtention de la performance de l'équipe ?
- Dans le cadre des entretiens d'évaluation, suis-je bien dans mon rôle de manager ?
- Est-ce que j'observe suffisamment d'équilibre entre autorité et empathie ?
- Mon discours est-il suffisamment assertif ? Est-ce que j'assume mes choix, et ai-je la capacité de les argumenter ?

Pour conclure

Il s'agit bien pour le manager de crédibiliser son management sans s'éloigner de son équipe et de se prémunir des pièges de l'autoritarisme et de l'affectif.

Nous venons de maîtriser les facteurs clés de réussite de l'animation d'une équipe d'anciens collègues. Nous pouvons aller plus loin et voir comment manager la diversité.

4

MANAGER LA DIVERSITÉ

Ne pas être indifférent à la différence

LES OBJECTIFS

- Déterminer les opportunités liées aux différences.
- Mettre en place un management adapté à la mise en valeur des spécificités de chaque collaborateur.
- Donner sa place à chacun.
- Identifier les sources d'échec inhérentes à ce type d'équipe.

LE POINT DE DÉPART

Marc a pris il y a quelques mois la responsabilité d'une nouvelle équipe. Il a déjà à son actif de nombreux postes de management. Comme tous les lundis, il a conduit sa réunion de service et à mesure que la nuit tombe ses collaborateurs quittent un à un le service, chacun à sa façon.

Marc s'octroie un temps de réflexion sur son management et les difficultés rencontrées au quotidien. Il prend conscience, au fil de ses observations quotidiennes, que son équipe de collaborateurs est particulièrement diverse. Au-delà de la maîtrise des compétences, son véritable enjeu reste de faire jouer au mieux la synergie entre ces différents profils.

L'ESSENTIEL

De nombreuses formes de diversité impactent le fonctionnement de l'équipe et la relation managériale. Elles sont liées :

- à la culture ;
- aux valeurs ;
- à l'âge ;
- au niveau d'éducation ;

- au niveau de formation;
- à l'expérience d'autres environnements;
- au métier.

Le conseil de l'expert

Garder en tête que derrière chaque défaut pris individuellement se cache un atout collectif pour l'équipe. Ce qui importe donc c'est la complémentarité possible des profils.

Le management d'une équipe présentant une diversité importante doit porter particulièrement sur trois points.

1. L'identification : identifier les différences

- Chercher au travers de son management au quotidien à bien connaître les spécificités de fonctionnement de chacun de ses collaborateurs.
- Pratiquer un questionnement informel, observer, écouter afin d'obtenir des informations et repérer les profils.
- Ne pas hésiter à revenir à la charge, et notamment en pratiquant la reformulation en cas d'incompréhension d'un collaborateur.

Voir annexe 40 : Test – Exercice sur le questionnement.

- Savoir faire un bilan des besoins individuels de chacun de ses collaborateurs.
- Savoir faire un bilan des besoins de l'équipe (sur le plan du groupe).

2. L'adaptation : adapter son management à la situation et au profil des collaborateurs

- Faire la chasse aux préjugés. Ne pas s'attendre et ne pas chercher à ce que les collaborateurs aient une vision identique à sa propre vision.
- Apprendre à mieux cerner sa propre personnalité et notamment ses préférences cérébrales (son rapport au temps, au contrôle, à l'autorité…).

Voir annexe 35 : Test – À quel schéma cognitif appartenez-vous ?

- Capitaliser au sein de son équipe sur ses propres préférences de fonctionnement (expert, stratège, organisateur, communicant…).

- Privilégier un management individuel, dit de face-à-face. L'équipe n'a pas à être le témoin des ajustements managériaux opérés.
- Montrer, face à des situations difficiles, sa capacité d'empathie, c'est-à-dire sa capacité à comprendre le point de vue de l'autre, son mode de fonctionnement. Mais être empathique ne veut pas dire tout accepter. S'affirmer permet de rappeler certaines réalités que l'équipe devra intégrer dans son fonctionnement.

Le conseil de l'expert

Attention, toute contradiction liée au système de pensée est source de stress. Le manager doit en tenir compte dans ce qu'il exige de ses collaborateurs, dans les missions qui leur sont confiées.

3. La mise en synergie : réaliser des complémentarités au profit de la performance collective

- Créer des binômes complémentaires (par exemple le collaborateur qui a des idées avec celui qui aime les mettre en œuvre).
- Éviter d'opposer des personnalités extrêmes (un créatif pur avec un finisseur qui n'est préoccupé que par le détail, la mise en forme et les finitions).
- Aménager le contenu des postes en fonction du profil des collaborateurs et, ce faisant, leur motivation respective.
- Faire prendre conscience des paliers franchis dans la synergie ainsi mise en place.
- Faire dire au collaborateur ce qu'il a appris au contact d'un autre collaborateur différent de lui.
- Construire un projet d'équipe et savoir le vendre à l'entité.

Les questions à se poser

- Ai-je mené une réflexion suffisante sur les enjeux de mon équipe en termes de complémentarité ?
- Ai-je validé la compréhension de tel ou tel comportement au travers de faits marquants issus d'une observation quotidienne de mes collaborateurs ?

- Ai-je bien identifié les points sur lesquels mon collaborateur rencontre des difficultés en matière de capacité à travailler en équipe (faits marquants à l'appui) ?
- Dans le cadre d'un entretien d'évaluation, ai-je bien prévu un temps suffisant pour clarifier avec mon collaborateur ses difficultés à travailler en équipe ?

Pour conclure

Manager, c'est aussi accepter les différences au sein de son équipe, mieux en comprendre les comportements en cherchant à faire émerger toute la richesse potentielle au service de la performance de l'équipe.

MANAGER EN TRANSVERSAL

Développer une influence transverse sans prendre la tangente

LES OBJECTIFS

- Repérer l'intérêt et les spécificités du management transversal.
- Manager sans le levier hiérarchique.
- Adopter les bonnes pratiques d'une coopération réussie.

LE POINT DE DÉPART

Bill est responsable de la résolution des problèmes et des dysfonctionnements survenant sur une des chaînes de production de l'entreprise.

En cas d'incident, il est en charge de réunir tous les acteurs appartenant à des services différents, et sur lesquels il n'a aucun lien hiérarchique, afin de comprendre, résoudre et prévenir.

Un incident grave est survenu il y a trois semaines, sa résolution était une priorité. Il n'a malheureusement pas pu avancer sur ce point: quatre des six acteurs indispensables n'ont pas pu se rendre disponibles pour y travailler. Il a tenté de leur imposer une réunion mais les personnes se sont braquées arguant qu'elles n'avaient aucun ordre à recevoir de lui.

L'ESSENTIEL

Fonctions support centralisées, résolution de problèmes, travail en mode projet, travail en réseau, les occasions de travailler en transversal sont multiples et de plus en plus fréquentes. Elles répondent à un besoin des entreprises de:

- faire preuve de réactivité;
- s'adapter rapidement aux changements;

- apporter une meilleure réponse à l'internationalisation (pour les groupes internationaux);
- motiver les managers;
- développer les compétences et les expertises;
- décloisonner et mieux coordonner les services;
- mutualiser les compétences et les moyens;
- réduire les coûts.

1. Les spécificités du management transversal

Manager en transverse, c'est:

- prendre en compte des contraintes externes liées à l'activité de collaborateurs n'appartenant pas à son équipe et dont on ne gère pas l'activité;
- faire face à une incompatibilité de priorités entre l'activité du contributeur et les objectifs de la mission, et devoir:
  - → prendre en compte les priorités du contributeur et adapter son organisation;
  - → négocier avec le responsable du contributeur pour qu'il prenne en compte les contraintes de la mission;
  - → faire arbitrer la hiérarchie sur les priorités.

Pour réussir à motiver des contributeurs sans le levier hiérarchique, le manager adoptera différentes bonnes pratiques.

2. Bien cerner ses responsabilités

- Définir sa mission et ses objectifs.
- Cerner le périmètre de son action.
- Déterminer les moyens dont on dispose.
- S'assurer du soutien de la hiérarchie et de son implication.
- Être clair sur ce qui dépend de soi et ce qui dépend de la hiérarchie.
- Repérer les acteurs à intégrer, leur fonction, leur rattachement.

3. Prendre le temps de connaître chaque acteur

- Découvrir son métier, ses contraintes, ses enjeux.
- Présenter clairement les objectifs de sa contribution.
- Tenir compte de ses contraintes.
- Proposer des aménagements ou des contreparties.
- S'assurer de l'adhésion du responsable du contributeur.

Le conseil de l'expert

Créer une alliance avec les responsables hiérarchiques des contributeurs.

4. Organiser le travail

- Planifier les tâches à réaliser.
- Préciser les rôles de chacun (individus, équipes, services).
- Préciser la hiérarchie des priorités.
- Établir des « règles du jeu ».
- Encourager la communication.
- Informer régulièrement sur l'avancée du travail et sur les modifications éventuelles.

Le conseil de l'expert

- Ne pas rester sur l'implicite.
- Expliciter factuellement tout ce qui peut l'être.

5. Animer les réunions

- Reformuler régulièrement.
- Proscrire le langage en sigles.
- Encourager chaque interlocuteur à s'exprimer dans un langage compréhensible par des acteurs ayant un autre métier que lui.

6. Donner des marques de reconnaissance

- Écouter et respecter.
- Faire confiance.

- Remercier, féliciter et encourager ceux qui s'impliquent.
- Ne pas garder la réussite pour soi mais valoriser l'équipe.
- Faire reconnaître une contribution efficace.
- Remonter aux responsables hiérarchiques une appréciation sur la performance de leurs collaborateurs.

7. Mettre en avant les bénéfices pour le contributeur

- Favoriser l'acquisition de compétences nouvelles.
- Sortir de la routine.
- Permettre au contributeur d'enrichir son réseau relationnel, de travailler avec de nouvelles personnes.
- Laisser de l'autonomie.

Les questions à se poser

- Ai-je énoncé clairement les objectifs et les enjeux ?
- Ai-je pris le temps de connaître chacun des acteurs ?
- La hiérarchie directe de chaque acteur soutient-elle sa contribution ?
- Ai-je établi la confiance ?
- Comment puis-je aider le contributeur à satisfaire ses besoins et à atteindre les objectifs collectifs ?

Pour conclure

Réussir à manager en transverse n'est pas uniquement affaire de méthodes à intégrer. C'est avant tout réussir à travailler avec d'autres personnes, d'autres métiers, sans le levier hiérarchique. Pour y parvenir, le manager doit mobiliser ses connaissances, ses compétences, ses qualités relationnelles plutôt que son statut pour faire avancer les autres.

Conduire un projet

Stéphanie Brouard

ANALYSER LE PROJET, SES ENJEUX, SES OBJECTIFS

Cadrer le projet et le mener à bien

LES OBJECTIFS

- Prendre le temps, en amont du projet, de l'analyser et de le préparer.
- Identifier l'origine du projet.
- Connaître les différents points à approfondir auprès du commanditaire.
- Rédiger le cahier des charges projet ou la note de cadrage.

LE POINT DE DÉPART

Au sortir du comité de direction, le directeur du département annonce à Jules, manager d'une équipe, qu'il vient d'être désigné responsable du projet de mise en place du développement durable au sein de l'entreprise. Ce projet fait appel aux compétences de différents services et même des différentes filiales. Jules sollicite une réunion avec le directeur de département afin de clarifier la demande. Mais celui-ci lui répond: « Je n'ai pas le temps, allez-y, commencez, et faites au mieux!» Voilà Jules dans la situation idéale pour ne pas mener à bien ce projet...

L'ESSENTIEL

La première étape d'analyse est cruciale. Découvrir l'origine du projet, c'est comprendre comment, au sein de l'entreprise, on est passé d'une idée à un projet. Cette étape peut permettre d'anticiper d'éventuels problèmes, de trouver une meilleure solution que celle imaginée *a priori*, d'évaluer la faisabilité et de réorienter un projet qui s'avérerait, en fait, difficilement réalisable.

Il est donc stratégique, pour le chef de projet, de prendre le temps nécessaire en amont du projet pour bien l'analyser, le préparer et ne pas avoir à le réparer en aval. L'envie de réaliser au plus vite ce qui est nouveau et qui apparaît comme une bonne idée, tout comme des délais très tendus, conduisent parfois à négliger cette étape.

Le chef de projet est porteur de sens, porteur du sens du projet. Il doit aussi en être le premier promoteur au sein de l'entreprise. Cette phase d'analyse et de compréhension du projet permet au chef de projet de se l'approprier et d'y adhérer.

1. Connaître le contexte duquel part le projet

La situation initiale peut être :

- un événement externe ;
- un événement interne ;
- un dysfonctionnement ;
- un changement dans l'entreprise ;
- un élément de la stratégie mise en place.

Déterminer si le projet est la seule réponse au contexte, ou même, si le projet est la bonne réponse au contexte.

2. Repérer les enjeux du projet pour affirmer sa motivation… et motiver l'équipe

- Cerner l'importance du projet pour l'entreprise.
- Repérer qui est le commanditaire, quel est son niveau hiérarchique et son implication. Le questionner, le faire parler sur le projet, son origine et le chemin parcouru pour arriver au projet.

Le chef de projet va être responsable de l'atteinte des objectifs du projet, pas des enjeux. Par ailleurs, au cours du projet, en cas de dérapage, ce sont les enjeux qui permettent de prendre les meilleures décisions et de repositionner les nouveaux objectifs.

3. Déterminer les objectifs du projet

- Les résultats attendus en termes de qualité/performance, coûts et délais.
- Pour chaque item, demander pourquoi cet objectif a été déterminé ainsi. Non pas pour remettre en cause les objectifs mais pour leur donner du sens et délimiter les marges de manœuvre du chef de projet.
- Identifier les objectifs primordiaux.

Tous ces éléments apparaissent ensuite dans le cahier des charges projet, la note de cadrage ou la fiche projet selon l'appellation choisie par l'entreprise.

Voir annexe 26 : Fiche outil – Le contenu du cahier des charges.

Ce document contractuel est la référence pour tous les acteurs du projet. Sa rédaction et sa validation permettent de :

- finaliser l'étape de préparation du projet ;
- exprimer le besoin ;
- formaliser l'intérêt et le cadre du projet ;
- contractualiser la demande ;
- engager les acteurs du projet (commanditaire, chef de projet) ;
- définir le résultat à obtenir.

Les questions à se poser

- Pourquoi ce projet ? Pourquoi cette demande ?
- Y a-t-il eu des dysfonctionnements qui motivent le projet ?
- Qu'est-ce qui justifie que l'entreprise ou le service mettent en place ce projet ?
- Quelles sont les origines du projet ? Qui en a eu l'idée ?
- Pourquoi ai-je été choisi pour piloter ce projet ?
- Quels sont les résultats attendus du projet en termes de coûts, délais, qualité/performance ?
- Sur quels critères autres que l'atteinte des objectifs, le commanditaire jugera-t-il la réussite du projet ?
- Quelle est la date de fin ? Pourquoi cette date de fin ?
- Quels moyens sont mis à disposition du projet ?
- Y a-t-il des contraintes à respecter (règles, normes, principes, exigences) ?

Conclusion

Au sein des entreprises, des chemins bien tortueux mènent aux projets. Au démarrage, c'est souvent une idée et une envie. Il est important de mettre les choses à plat et de comprendre justement le chemin qu'a parcouru cette idée avant de devenir projet. Mais le plus dur reste à venir : il faut mener à bien le projet !

CONDUIRE LE PROJET : LES ÉTAPES CLÉS ET LES OUTILS DE L'EFFICACITÉ

Procéder par étapes intermédiaires pour éviter la halte définitive

L'objectif de la séquence

Identifier les étapes à respecter pour conduire un projet.

Le point de départ

Le projet de simplification des procédures au sein de l'entreprise vient d'être confié à Tim, jeune manager de l'équipe qualité. S'il est ravi qu'on lui ait fait confiance en le chargeant de cette mission clé pour l'entreprise, Tim ne sait pas du tout comment s'y prendre. « Projet, projet », on en parle tout le temps, on en fait tout le temps, mais finalement Tim n'a qu'une vague idée de la manière de mener un projet.

L'essentiel

Pour réussir, il faut disposer d'une méthodologie définissant les étapes à respecter. Cette méthode théorique donne à tout chef de projet des repères, en indiquant les actions à entreprendre, les points de passages obligés, les outils à mettre en œuvre et aussi les risques encourus.

Il existe sur le marché une multitude de logiciels de gestion de projet, plus ou moins complexes. Pour des projets simples, les outils de bureautiques classiques sont tout à fait appropriés. Pour chaque étape décrite ci-dessous, des outils permettent au chef de projet de gagner en efficacité.

Les étapes à réaliser

1. Analyser la demande pour donner du sens au projet

Voir séquence 1 de ce chapitre : Analyser le projet, ses enjeux, ses objectifs.

Déterminer les objectifs du projet – qualité/performance, coûts, délais.

Les outils : cahier des charges – note de cadrage.

2. Lister les tâches à réaliser pour ne rien oublier

Voir annexe 27 : Fiche outil – Organigramme des tâches.

- Lister les cinq à dix tâches principales puis les décomposer en tâches secondaires.
- Réaliser un organigramme des tâches.
- Pour chaque tâche, établir une « fiche de tâche » :

Voir annexe 28 : Fiche outil – Fiche de tâche.

  → estimer la durée de chaque tâche en se faisant aider si besoin ;

  → déterminer les contraintes d'enchaînement des tâches.
- Identifier l'ordre de réalisation des tâches.

Les outils : check-list – organigramme des tâches – tableau des tâches avec durées et antécédents – fiche de tâche.

3. Construire le planning pour respecter les délais

- Calculer la durée estimée du projet.

Le conseil de l'expert

Ne pas confondre charge et délai :
- le délai est la durée de la tâche ;
- la charge est la quantité de travail nécessaire pour réaliser la tâche.

- Identifier les tâches critiques, c'est-à-dire les tâches qui n'ont pas de marge flexible et dont un retard entraîne un retard de l'ensemble du projet.
- Jalonner le projet pour maîtriser son déroulement (un jalon est un point d'étape qui permet de contrôler ce qui a été réalisé et de décider de la suite).
- Ajuster les durées et les charges.

Les outils : réseau d'enchaînement de tâches – diagramme de Gantt.

4. Bâtir le budget prévisionnel

Tenir compte des coûts du projet (achat de matériel spécifique, équipe projet...) et des coûts du produit.

Les outils : tableau budgétaire.

5. Analyser les risques pour parer aux imprévus

- Identifier tout événement pouvant survenir au cours du projet et mettre en péril l'atteinte d'au moins un des objectifs.
- Évaluer la probabilité que cet événement survienne ainsi que sa gravité s'il survient.
- Définir les actions préventives et/ou correctives, budgéter les actions et dater les risques, puis nommer un responsable.

Voir annexe 30 : Fiche outil – Tableau d'analyse des risques.

Les outils : tableau d'analyse des risques.

6. Remettre les objectifs en perspective pour valider à nouveau la faisabilité du projet

Alerter le commanditaire en cas de point délicat et lui transférer la responsabilité des décisions.

Les outils : cahier des charges – note de cadrage.

7. Construire l'équipe projet pour s'entourer des meilleures compétences

- Rencontrer les managers des différents services.
- Rencontrer individuellement chaque contributeur du projet potentiel.

Les outils : fiche de contribution au projet – cahier des charges – note de cadrage.

Voir séquence 1 de ce chapitre : Analyser le projet, ses enjeux, ses objectifs.

Voir annexe 29 : Fiche outil – Conduire l'entretien de contribution

8. Lancer le projet

Organiser la réunion de lancement :

- officialiser le démarrage du projet ;
- passer d'une somme de contributeurs du projet à une équipe projet ;
- partager les objectifs et les enjeux du projet ;
- définir des modes de fonctionnement ;
- définir les indicateurs de pilotage et de suivi.

Les outils : cahier des charges – note de cadrage – tableaux de bord – planning – tableau budgétaire – tableau d'analyse des risques.

9. Faire vivre le projet

- Piloter le projet en suivant l'avancement des indicateurs.
- Organiser les réunions d'avancement de projet et les comités de pilotages pour rendre compte au commanditaire.
- Mesurer les résultats obtenus et traiter les écarts.
- Mettre à jour les indicateurs de suivi et les tableaux de bord.
- Motiver les contributeurs du projet.

Les outils : tableaux de bord – planning – tableau budgétaire – tableau d'analyse des risques – comptes rendus de réunions – relevés de décisions.

10. Clôturer et capitaliser pour apprendre de cette expérience

- Faire le bilan du projet par rapport aux objectifs.
- Identifier les points forts et les points faibles du projet (organisation, méthodes, comportements, savoir-faire...).
- Analyser et formaliser les savoir-faire acquis.

Les outils : fiche de capitalisation – pot de clôture !

Les questions à se poser

- Ai-je prévu un lieu/espace où stocker l'ensemble des documents relatifs au projet ?
- Ai-je structuré le projet en étapes suffisamment claires ?
- Ai-je bien déterminé chacune des étapes ?
- Ma communication est-elle suffisamment claire et adaptée ?

Conclusion

Chaque étape est importante pour la réussite du projet. En négliger une, c'est mettre en péril l'atteinte des objectifs et le succès du projet. Il reste une autre dimension fondamentale à maîtriser dans le projet : la dimension humaine. C'est précisément ce que nous allons développer dans la partie suivante.

S'ASSURER DE L'IMPLICATION DU HIÉRARCHIQUE DU CONTRIBUTEUR

Éviter le triangle infernal pour que le projet tourne rond

Les objectifs de la séquence

- S'appuyer sur l'organisation de l'entreprise pour faire réussir le projet.
- Établir des relations constructives et efficaces entre les acteurs du projet.
- Sécuriser la relation avec les hiérarchiques des contributeurs du projet.

Le point de départ

Malika, chef du projet Oméga, projet faisant appel aux compétences de plusieurs ressources des différentes entités de l'entreprise, doit faire face à un problème. Un des contributeurs est parti en congé pour deux semaines alors que sa contribution sur le projet est attendue justement sur les deux semaines à venir. Un retard de sa production entraînera un retard de l'ensemble du projet. Malika est allée voir son hiérarchique mais celui-ci, surpris, lui a affirmé que n'étant pas au courant de ce projet, il a en effet accordé des congés à son collaborateur !

L'essentiel

La relation chef de projet/contributeur du projet/hiérarchique du contributeur est essentielle. Si chacun joue son rôle, tout se passe parfaitement bien au cours du projet. En revanche, si une étape n'est pas respectée, c'est l'ensemble de ce système à trois qui ne tient plus en équilibre… et le bon déroulement du projet, voire sa réussite, qui est menacé. On appelle aussi cette relation le « triangle infernal ».

1. Respecter les différentes étapes de la construction de cette relation pour éviter les courts-circuits

- Après analyse du projet, le chef de projet identifie un besoin de ressource.
- Le chef de projet fait une demande de compétences sur une durée précise auprès du hiérarchique.
- Le hiérarchique, en fonction de sa connaissance de ses collaborateurs, de leurs disponibilités, de leurs aspirations, identifie la personne de son équipe qui va représenter le service dans le projet.
- Le hiérarchique propose la mission à son collaborateur.
- Le chef de projet et le futur contributeur du projet se rencontrent.

2. Déterminer le rôle du contributeur du projet

- Définir les modalités de réalisation de la tâche qui lui a été confiée.
- Mener à bien la tâche qui lui a été confiée.
- Alerter le chef de projet en cas de dérive par rapport aux échéances du projet.
- Prévenir son hiérarchique en cas de difficultés techniques.
- Communiquer au sein de son équipe sur le projet.

3. Déterminer le rôle du hiérarchique

- Choisir l'équipier pour participer à un projet.
- Informer l'équipier de sa désignation pour participer à un projet.
- Motiver l'équipier pour qu'il s'implique dans un projet.
- Veiller à la cohérence entre les objectifs du projet et l'activité récurrente du membre du groupe projet.
- Développer les compétences des équipiers.
- Porter la responsabilité de la qualité technique.
- Suivre la qualité technique du travail fourni par les équipiers dans un projet.
- Aider un équipier en cas de difficultés techniques dans la réalisation des tâches du projet.
- Informer le chef de projet d'un problème ou d'un retard dans la réalisation de la tâche confiée à l'équipier.

- Alerter en cas de problème de priorité entre projet et activité courante concernant l'équipier.
- Réaliser un entretien de bilan avec un équipier en fin de projet.
- Féliciter un équipier pour sa contribution efficace à un projet.

4. Déterminer le rôle du chef de projet

Voir annexe 28 : Fiche outil – Fiche de tâche.

- Réaliser une fiche de tâche.
- Assurer l'atteinte des objectifs du projet.
- Suivre la réalisation des livrables du projet (délais, coût, conformité par rapport aux besoins).
- Fixer la date de réalisation d'une tâche du projet confiée à un équipier.
- Recadrer un équipier en cas de non-respect par rapport aux engagements pris sur le projet.
- Réaliser un entretien de bilan avec un équipier en fin de projet.
- Féliciter un équipier pour sa contribution efficace à un projet.
- Fournir une appréciation sur le résultat du travail réalisé par l'équipier dans un projet.

Les questions à se poser

- Me suis-je assuré de l'adhésion du responsable du contributeur ? L'ai-je informé ?
- Avons-nous tous les trois le même niveau d'information sur la contribution du collaborateur ?
- Ai-je formalisé l'accord ?
- Ai-je fait un retour sur la contribution du collaborateur à la fin du projet ?

Pour conclure

Ce mode de fonctionnement dans la relation chef de projet/contributeur du projet/hiérarchique du contributeur sera dupliqué autant de fois qu'il y aura de contributeurs au projet. Pour aller plus loin et découvrir les spécificités du management transversal, nous pouvons compléter cette séquence avec la séquence 5 du chapitre 8 : Manager en transversal.

PILOTER UN PROJET

Savoir où l'on se trouve et où l'on va

Les objectifs

- S'assurer de l'atteinte des objectifs.
- Suivre l'avancement du projet afin d'apporter les ajustements nécessaires au fur et à mesure.
- Communiquer sur l'avancement du projet.

Le point de départ

Pierre a été le chef de projet de la mise en place du nouveau système de gestion des temps. Non seulement le projet s'est achevé avec quatre semaines de retard mais, en plus, le budget a dépassé de 20 % le coût initialement prévu. Pierre présente dans quelques minutes un bilan du projet. En effet, sa hiérarchie souhaite comprendre avec lui à partir de quel moment et pour quelles raisons le projet a dérivé. Le problème de Pierre est que, justement, il n'en a aucune idée. Il n'a pas vraiment suivi le projet et s'est rendu compte du retard quand celui-ci est apparu, et du dépassement budgétaire lorsqu'il a reçu le bilan du service comptabilité.

L'essentiel

Piloter, c'est assurer régulièrement une visibilité sur l'état actuel et à venir du projet. Le choix du terme « piloter » est précis, il ne s'agit pas de le suivre mais d'en assurer la direction, la conduite, la gestion.

Piloter, c'est connaître à tout moment du projet :

- où et comment l'on se situe par rapport aux prévisions ;
- où et comment on avance vers l'atteinte des objectifs ;
- l'environnement et ses évolutions ;
- les marges de manœuvre et les contraintes.

Piloter, c'est enfin prendre ou faire prendre les décisions permettant d'atteindre les objectifs définis en termes de niveau de performance/qualité, coût et délais.

1. Les étapes du pilotage

Au démarrage | PRÉVOIR

- Se doter d'une référence :
  - → définir les objectifs ;
  - → planifier les activités ;
  - → prévoir les coûts (ou les charges) ;
  - → identifier les risques.
- Poser un cadre au projet :
  - → construire un scénario de déroulement ;
  - → définir les modes de fonctionnement au sein de l'équipe projet ;
  - → construire le tableau de bord et les indicateurs de suivi.

Pendant | RÉALISER, MESURER ET TRAITER LES ÉCARTS

- Réaliser – conformément à ce qui a été prévu :
  - → dérouler le scénario établi ;
  - → mettre en œuvre les modes de fonctionnement ;
  - → responsabiliser et fédérer les acteurs du projet ;
  - → réagir aux changements.
- Mesurer – les résultats obtenus :
  - → mesurer l'avancement et le comparer aux prévisions ;
  - → analyser les écarts ;
  - → rendre compte de la situation, alerter sur les dérives.
- Traiter les écarts décider :
  - → hiérarchiser les priorités ;
  - → proposer des actions correctives si nécessaire et évaluer leur impact ;
  - → communiquer et partager les décisions ;
  - → organiser la mise en œuvre des décisions.

À l'issue | CAPITALISER SUR CETTE EXPÉRIENCE

- Établir un bilan du projet :
  - comprendre les écarts entre les prévisions et la réalité ;
  - formaliser les enseignements tirés du projet pour l'entreprise, d'une part, pour chaque membre de l'équipe projet, d'autre part.

2. Le tableau de bord du projet

Le tableau de bord du projet est une présentation synthétique et visuelle des indicateurs de suivi du projet. Utilisé comme outil de communication, sa présentation doit être claire, ordonnée et parfois figurée. Il permet d'un seul coup d'œil d'avoir une vision globale du projet, de faire ressortir les points critiques et d'alerter.

Voir annexe 45 : Exemple – Le tableau de bord projet.

Selon les personnes auxquelles il est destiné, un tableau de bord ne contient pas les mêmes informations. On peut distinguer :

- celui du chef de projet et de l'équipe projet qui contient toutes les informations ;
- celui à destination de la hiérarchie, avec un focus sur les risques et le budget par exemple ;
- celui à destination du client du projet (s'il est externe à l'entreprise), qui ne contiendra pas la rentabilité du projet pour l'entreprise ou les informations concernant l'équipe, par exemple.

Les questions à se poser

- Ai-je bien préparé mon projet en amont ?
- Les objectifs du projet sont-ils définis avec précision ? (Est-ce que je sais où je vais ?)
- Ai-je établi un dispositif de mesure me permettant de suivre l'avancement ?
- Les indicateurs choisis sont-ils pertinents ?

Pour conclure

Sans pilotage, un projet a de fortes « chances » d'arriver à côté du but fixé. Pour le chef de projet et l'équipe projet, il est essentiel d'orienter en permanence le déroulement du projet afin d'atteindre l'objectif prévu. Même avec un scénario établi, un projet est soumis en permanence à des dérives, et seul un contrôle régulier permet de revenir vers les objectifs.

Conduire et accompagner le changement

Stéphanie Brouard

COMPRENDRE ET INTÉGRER LE CHANGEMENT POUR AGIR

Questionner le changement pour ne plus le remettre en cause

LES OBJECTIFS

- Comprendre soi-même le changement et lui donner du sens.
- Identifier les différents types de changement.
- Choisir une stratégie de mise en œuvre du changement pour son équipe.

LE POINT DE DÉPART

Au sortir de la réunion de direction au cours de laquelle les objectifs et besoins de changement ont été présentés, Marcel, manager d'une équipe de douze personnes, s'apprête à relayer ces informations auprès de ses collaborateurs. Il choisit de les réunir dans une salle et de leur présenter à son tour les différentes diapos de la réunion de direction.

À l'issue de la réunion, il n'est pas satisfait. Ses collaborateurs sont informés mais il n'obtient pas leur adhésion, excepté celle de trois ou quatre personnes. Mais, surtout, il n'a pas su répondre aux questions ni se montrer convaincant. Pourtant: «Qu'en penses-tu, toi, en tant que manager?», «Est-ce que ça veut dire que jusqu'à maintenant on travaillait mal?», «Pourquoi ces nouveaux objectifs nécessitent-ils de changer de façon de travailler?» sont des questions auxquelles il aurait dû pouvoir répondre.

Marcel regrette de ne pas avoir pris le temps de «digérer» les informations de la direction, de leur donner du sens et de réfléchir à la façon de les mettre en œuvre avant d'en parler avec l'équipe.

L'ESSENTIEL

1. Identifier les types de changement et leur origine

Les origines des changements sont diverses, elles peuvent provenir :

- d'une fusion entre deux entreprises ou à une plus petite échelle, d'une fusion entre deux services ;
- de la mise en place de nouveaux systèmes d'information ;
- d'une croissance de l'activité ou au contraire de pertes successives ;
- d'un déménagement ;
- d'un changement de direction et de valeurs d'entreprise ;
- etc.

On peut distinguer différents types de changements :

- le changement qui tient d'une amélioration ou d'une légère accélération ;
- le changement qui impose une rupture avec l'ancien mode de fonctionnement.

Dans les deux cas, le changement aura un impact sur les collaborateurs.

2. Tenir ses responsabilités de manager dans le changement

Quel que soit le changement, le rôle du manager est de le mettre en œuvre au sein de son équipe. Il peut s'agir :

- d'un changement important qui concerne l'ensemble de l'entreprise et que le manager doit décliner au sein de son équipe ;
- de nouveaux objectifs qui lui sont fixés et qui l'amènent à décider de changer de mode de fonctionnement au sein de son équipe.

Dans le premier cas, pour le manager, le changement est subi, dans le second cas, il est choisi.

S'il a choisi le changement, son action auprès de ses collaborateurs consiste à :

- les mobiliser ;
- les faire participer ;
- les faire adhérer.

S'il n'a pas choisi le changement, le manager doit lui-même passer par deux étapes :

- une phase d'acceptation, de compréhension, d'adhésion et d'appropriation. Et c'est seulement une fois ce travail accompli, lorsqu'il aura accepté de changer lui, qu'il pourra faire changer les autres ;
- une étape de « traduction » du changement pour ses collaborateurs. Il doit adapter à la fois le discours et les objectifs. Pour adhérer à leur tour, les collaborateurs doivent comprendre le changement et surtout ce qui va véritablement changer pour eux.

Le conseil de l'expert

Vaincre sa propre résistance au changement en éliminant toutes les « bonnes » raisons que l'on trouve à ne pas changer !

3. Choisir une stratégie de mise en œuvre du changement

Pour mettre en œuvre le changement, le manager dispose de plusieurs stratégies.

- Déployer/imposer le changement par la force :
  - → efficace s'il y a une impérieuse nécessité et peu de temps, mais risque de blocages et de casse au niveau des collaborateurs.
- Commencer par ne faire changer que ceux qui en sont d'accord et attendre que les autres suivent progressivement :
  - → efficace si l'on a du temps mais risque d'une équipe scindée en deux.
- Commencer par ne faire changer qu'une partie des activités pour en faire des « pilotes » ou des exemples :
  - → efficace si l'activité est bien choisie et que le changement est un succès et risqué dans le cas contraire.
- Attendre que tout le monde soit d'accord avant de commencer à changer :
  - → efficace si l'on a du temps… beaucoup de temps et donc si le changement n'est pas primordial.

Le choix dépend du type de changement, du choix de la direction bien sûr, mais aussi du temps dont on dispose, de l'impact sur l'équipe, des enjeux du changement, etc.

Les questions à se poser

- Pourquoi ce changement ?
- Quels enjeux, pour l'entreprise ou l'équipe, nécessitent de changer ?
- Quel est l'impact pour mon équipe ?
- Comment traduire les impacts du changement pour mes collaborateurs dans leur quotidien ?
- Comment mettre en œuvre le changement au sein de mon équipe ?

Conclusion

Mettre en œuvre un changement au sein de son équipe passe par la compréhension. Toujours porteur de sens, un manager qui n'adhère pas ou qui ne comprend pas un changement ne peut pas accompagner ses collaborateurs dans ce processus.

Si cette étape est fondamentale pour conduire le changement et accompagner son équipe, respecter les étapes et rester à l'écoute de chacun l'est également, comme nous allons le développer dans les chapitres suivants.

CONDUIRE LE CHANGEMENT

Privilégier le processus dès le début pour arriver à ses fins

LES OBJECTIFS

- Identifier les différentes étapes pour réussir le changement.
- Considérer le changement comme un processus, comme un projet qui se conduit étape par étape.
- Acquérir des réflexes positifs.

LE POINT DE DÉPART

Au sortir du séminaire managers de son entreprise, Marie a bien saisi que pour faire face aux enjeux auxquels ils se trouvent confrontés, un changement profond des modes de fonctionnements et des méthodes de travail est inéluctable. Confortablement assise dans son fauteuil, elle réfléchit à la manière dont elle va mettre en œuvre ce changement auprès de ses collaborateurs.

Changer, c'est faire passer les collaborateurs de la situation actuelle à la situation cible. Marie réunit son équipe, leur présente la situation cible, monte debout sur le bureau, prononce : « Supercalifragilisticexpialidocious. » Chaque collaborateur a intégré le changement et a changé. Marie est satisfaite, elle a réussi la mise en œuvre du changement et se réveille en sursaut. Dans la vraie vie, un changement ne se décrète pas et ne se fait encore moins d'un coup de formule magique. Elle n'a cependant aucune idée des étapes pour le conduire.

L'ESSENTIEL

Manager le changement, c'est accompagner ses collaborateurs dans un processus progressif et leur permettre de passer d'un état « à changer » à un état « changé ».

1. Donner du sens au changement

- Établir un diagnostic ou recenser les éléments du diagnostic qui donnent la réponse au « pourquoi » du changement.
- Identifier les impacts du changement pour son équipe.

Voir la séquence 3 de ce chapitre : Accompagner ses collaborateurs dans le changement.

2. Communiquer et écouter

Le conseil de l'expert

Communiquer au plus tôt auprès de son équipe : avant Radio moquette et bruits de couloir dont les effets sont souvent dévastateurs.

- Transmettre les éléments du diagnostic et les enjeux du changement.
- Créer un sentiment d'impérieuse nécessité du changement et présenter clairement la vision et les ambitions.
- Rester à l'écoute des collaborateurs.
- Répondre aux interrogations et aux questions.
- Traduire l'impact du changement sur l'activité de chacun en le rendant le plus concret possible.
- Réexpliquer si nécessaire.

3. Bâtir un processus adapté

- Associer les collaborateurs à la construction du chemin à parcourir.
- Placer des jalons intermédiaires.
- Impliquer chacun dès le démarrage afin de favoriser l'adhésion.

Le conseil de l'expert

Prévoir de faire un point plus fréquemment que d'ordinaire avec chacun des collaborateurs et les écouter sur leur motivation, leurs difficultés, leurs succès, leurs inquiétudes...

4. Identifier et lever les obstacles au changement

- Si nécessaire, se faire le relais des obstacles réels auprès de la direction.

- Créer des conditions favorables de transformation et d'adaptation en faisant évoluer la structure : proposer une autre organisation, faciliter par un changement matériel...
- Faire modifier l'environnement de travail ou l'organisation, si nécessaire, par la direction.

5. Être exemplaire soi-même

- Être exemplaire soi-même sur ce que l'on veut voir changer.
- Prendre des décisions qui vont dans le sens du changement.

6. Mettre en avant les bonnes initiatives et les réussites

- Encourager et féliciter toutes les actions qui vont dans le sens du changement.
- Faire des points individuels réguliers avec chaque collaborateur.
- Informer régulièrement l'équipe sur l'avancement du changement.
- Mettre en avant les premières réussites et résultats obtenus à court terme pour créer et entretenir la confiance.

Le conseil de l'expert

Les feed-back positifs développent la confiance des collaborateurs ; ne pas hésiter à en donner régulièrement.

7. Accélérer le changement et rappeler son caractère inéluctable

- Entretenir la dynamique en démultipliant les premières réussites.
- Montrer à nouveau le caractère irrévocable du processus et son irréversibilité.

8. Former les collaborateurs

- Développer les compétences des collaborateurs pour leur permettre de s'adapter aux nouvelles exigences.
- Inciter le partage de « bonnes pratiques » au sein de l'équipe.

9. Ancrer les nouvelles pratiques

Considérer et faire considérer les nouveaux comportements comme une habitude, comme une nouvelle culture.

10. Suivre la mise en œuvre

Continuer à capitaliser sur la mobilisation des acteurs.

Les questions à se poser

- Pourquoi ce changement ?
- Suis-je suffisamment clair et accessible pour mes collaborateurs ?
- Ai-je associé chaque collaborateur au changement pour lui permettre d'évoluer ?
- Ai-je suffisamment démontré par mes actions et décisions mon propre engagement dans le changement ?
- Est-ce que je favorise l'expérimentation ?
- Ai-je prévu des actions aux résultats suffisamment à court terme pour rebondir dessus ?
- Ai-je prévu le plan de formation associé ?
- Mes feed-back sont-ils suffisamment réguliers ?

Pour conclure

Chaque étape est importante pour réussir la conduite du changement. Toutes les étapes décrites dans ce chapitre sont à la portée de tout manager à l'échelle de son équipe, que le changement soit choisi ou subi.

Il reste cependant une dimension fondamentale à maîtriser : la dimension humaine et les résistances possibles. C'est ce que nous allons développer dans la séquence suivante.

ACCOMPAGNER SES COLLABORATEURS DANS LE CHANGEMENT

Accepter les résistances pour les surmonter

Les objectifs

- Prendre en compte le facteur humain dans la conduite du changement.
- Élaborer et mettre en œuvre des actions adaptées à chaque collaborateur.
- S'appuyer sur l'équipe et le positionnement de chaque collaborateur par rapport au changement.
- Aider chaque collaborateur à changer.

Le point de départ

Kamel est manager au sein d'une entreprise en réorganisation, réorganisation consécutive à un changement d'activité imposé par l'évolution du marché. Pour mettre en œuvre le changement au sein de son équipe, il a déployé le changement étape par étape, comme un projet, d'autant plus qu'il ne percevait aucune difficulté technique. Cependant, il sent ses collaborateurs plus insatisfaits qu'ils ne devraient l'être ; ils semblent avoir encore peur, une poignée d'entre eux ne fait que râler et commence à « contaminer » ceux qui ne disaient rien. Quant à ceux qui, initialement, étaient plutôt favorables, ils sont maintenant passifs, voire hostiles.

Kamel a pourtant l'impression d'avoir été à l'écoute. Mais force est de constater qu'il n'a pas su gérer l'aspect humain de ce changement, qu'il n'a pas perçu sa complexité relationnelle.

L'ESSENTIEL

1. Comprendre et savoir d'où proviennent les résistances au changement

La résistance au changement est normale. Tout changement provoque des réactions. Ces réactions peuvent être positives mais aussi négatives.

Le changement :

- provoque une rupture avec le passé et oblige l'individu à voir les choses autrement et à changer ses habitudes ;
- impose de se projeter dans une situation totalement inconnue où le collaborateur ne sait pas encore s'il « saura faire », s'il aura la même reconnaissance qu'avant. Il perçoit d'ores et déjà ce qu'il va perdre par rapport à la situation présente mais ignore ce qu'il va gagner.

À ce stade, le rôle du manager consiste :

- à identifier si le collaborateur ne veut pas ou ne peut pas changer :
  - → s'il ne peut pas changer, c'est qu'il redoute une régression, craint un décalage avec ses valeurs, pense qu'il n'a pas les compétences ;
  - → s'il ne veut pas changer, c'est qu'il estime qu'il a trop à perdre et pas assez à gagner dans ce changement.
- à prendre le temps d'écouter, de réexpliquer.

Le conseil de l'expert

Conforter les collaborateurs en leur donnant très vite des repères sur ce qui change et ce qui ne change pas pour eux.

2. Adopter la bonne attitude dans les différentes étapes de deuil que parcourt chaque collaborateur

On assimile le processus d'acceptation du changement à un deuil[1]. Les émotions exprimées dans les différentes étapes seront plus ou moins fortes selon les individus, leur histoire personnelle et la perception qu'ils ont de la situation. La durée pour parcourir ces étapes diffère d'une personne à une autre mais chaque étape est incontournable.

1. D'après les travaux d'Élisabeth Kübler-Ross.

Étape et manifestations correspondantes	Rôle du manager
1. Le refus de comprendre : – Refuse la rupture. – Ne se sent pas concerné par le changement.	– Réexpliquer la situation. – Donner les éléments factuels du diagnostic. – Rester présent pour échanger. – Faire preuve de fermeté et montrer sa propre détermination.
2. La colère : – Se révolte. – S'oppose. – Menace.	– Laisser s'exprimer mais maintenir un cadre réaliste. – Veiller à protéger le reste de l'équipe.
3. Le marchandage : – Tente de défendre son équilibre. – Essaye d'obtenir des aménagements pour rendre le changement moins inconfortable.	– Négocier ce qui peut être négociable. – Redonner du sens au changement.
4. La dépression ou décompensation : – Relâche sa résistance. – Se sent abattu. – Fait le point sur la situation.	– Laisser ce temps au collaborateur. – Rester présent. – Veiller à ce que cette phase ne dure pas trop longtemps.
5. L'acceptation : – Accepte l'évidence. – S'engage et s'investit dans de nouveaux projets. – Développe les nouveaux comportements.	– Aider le collaborateur à construire une vision précise de son avenir. – L'encourager dans des actions concrètes à court terme. – Construire avec lui son plan d'actions.

3. « Cartographier » son équipe pour réussir le changement

Face au changement, chaque collaborateur développe sa propre stratégie. Certains sont pour le changement et d'autres contre. Dans ce positionnement, ils vont ensuite être plus ou moins actifs/énergiques. C'est cette cartographie que chaque manager peut construire.

Voir annexe 33 : Fiche outil – Analyser les enjeux du changement pour les acteurs.

Dans un changement, l'équipe se décompose en moyenne de :

- un tiers de convaincus. Favorables au changement et actifs. Ils ont surtout à gagner dans le changement ;
- un quart contre le changement et plutôt énergiques dans cette opposition. Ils pensent avoir beaucoup à perdre ;
- la petite moitié restante est composée d'hésitants, de passifs, plus lents. Ils ont à la fois à perdre et à gagner ou ni à perdre ni à gagner.

L'enjeu pour le manager consiste à :

- garder le premier tiers ;
- s'appuyer sur les convaincus pour entraîner la petite moitié d'hésitants et de passifs ;
- convaincre les hésitants et les passifs, ce sont eux qui feront basculer la dynamique ;
- ne pas se focaliser sur le quart d'opposants ;
- convaincre un opposant, il deviendra alors l'un des meilleurs alliés.

Les questions à se poser

- Ai-je communiqué le sens du changement ?
- Suis-je clair sur les enjeux de chacun de mes collaborateurs par rapport au changement ?
- Où en est chacun de mes collaborateurs par rapport au processus de deuil ?

Pour conclure

Maîtriser le processus de conduite du changement n'est pas suffisant, intégrer la dimension humaine est gage de réussite.

Développer son influence – le leadership du manager

Eugène Bill

- Leadership et autonomie
- Diriger en leader
- Consolider sa posture de leader
- Les attitudes et comportements du leader

LEADERSHIP ET AUTONOMIE

Rendre visible sa puissance de leader

Les objectifs

- Comprendre les éléments qui différencient la posture de manager de celle de leader.
- Connaître les différentes étapes pour asseoir son leadership.

Le point de départ

Françoise se sent dans une impasse. Semaine après semaine, elle a toujours la même impression après ses réunions de service et de direction : celle que ses collaborateurs rejoignent leur bureau comme s'il ne restait rien de l'exposé qu'elle vient de faire.

Son problème vient du fait qu'être le chef ne suffit pas à faire d'elle un leader.

L'essentiel

Qu'est-ce que le leadership ? Il existe beaucoup de définitions, chacune se justifiant par rapport à un système de pensée spécifique.

De façon générale, le leadership peut être défini comme « la capacité d'un individu à influencer, à motiver, et à rendre les autres capables de contribuer à l'efficacité et au succès des organisations dont ils sont membres ».

1. Spécialiste, manager et leader

L'évolution en comportement et en compétences passe par trois postures caractérisées par une question et un point de focalisation majeur.

Le spécialiste	Le manager	Le leader
« Quoi et comment faire ? »	« Quoi et comment faire faire ? »	« Pourquoi et pour quoi faire et faire faire ? »
↓	↓	↓
Technique et contenu	Processus	Technique et contenu

- L'expert connaît son domaine et répond à la question « quoi et comment faire ? », il est focalisé sur la technique et le contenu de ses tâches.
- Le manager a en général le pouvoir hiérarchique sur une équipe et répond à la question « quoi et comment faire faire ? », c'est-à-dire qu'il connaît les buts et les objectifs et sait comment les atteindre ; il connaît les techniques et pratiques de management pour « faire faire ».
- Le leader a plus un rôle d'influence qu'il tient de son expérience et de son comportement, il répond à la question « pourquoi et pour quoi faire et faire faire ? » ; il sait définir les buts et les objectifs ; il connaît les priorités et les finalités et établit la direction à suivre.

Le conseil de l'expert

Tout responsable doit se poser ces différentes questions mais la grande différence entre le management et le leadership se trouve dans le point de focalisation :

- le management se focalise sur la conduite des processus, le « comment faire », avec un point d'attention sur l'individu et le groupe ;
- le leadership est polarisé sur la notion de sens et de partage de la vision.

2. Mettre du leadership dans son management

L'installation de votre posture de leader est un processus continu et débute par la mise en œuvre de trois étapes.

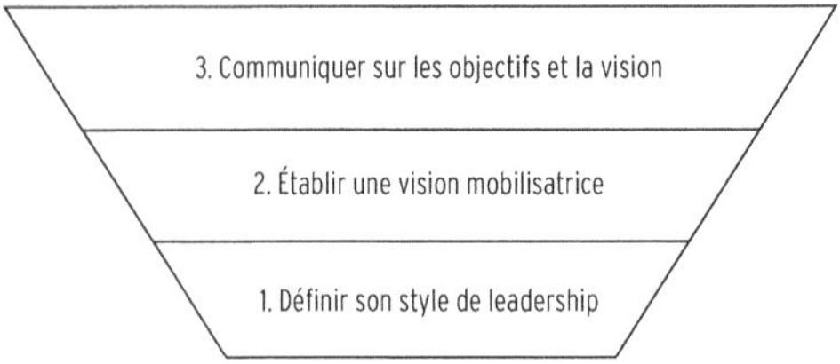

3. Communiquer sur les objectifs et la vision

2. Établir une vision mobilisatrice

1. Définir son style de leadership

1. IDENTIFIER SON POTENTIEL ET SES ATOUTS DE LEADER ET LES CONSOLIDER

Voir, dans ce chapitre, la séquence 2 : Diriger en leader et la séquence 3 : Consolider sa posture de leader.

- Identifier les fondements personnels de son leadership, ce qui fera de soi un leader unique et naturel.
- Adopter les comportements générant la confiance et l'adhésion.

2. DÉFINIR UNE VISION MOBILISATRICE POUR SES COLLABORATEURS

- Donner du sens aux actions de ses collaborateurs, faire que chaque action s'inscrive dans un cadre commun.
- Établir des objectifs clairs et saisir chaque opportunité pour expliquer à ses équipes et collaborateurs comment leurs actions permettent d'atteindre l'objectif.
- Développer et présenter une vision qui touche et réveille les motivations naturelles en lieu et place des motivations matérielles telles que la sanction/récompense.

3. METTRE EN ŒUVRE LES RELAIS, LES ACTIONS ET LA COMMUNICATION NÉCESSAIRES

Permettre à ses collaborateurs de comprendre la vision et les objectifs, de les partager et de se les approprier.

LES QUESTIONS À SE POSER

- Qu'est-ce qui fait de moi un leader unique ? Sur quelles compétences et quelles expériences puis-je m'appuyer ?
- Ai-je défini un projet partagé avec mes collaborateurs ?
- Mes objectifs individuels sont-ils en adéquation avec les objectifs collectifs ?

- Comment ai-je réparti le temps passé avec mon équipe entre le travail sur les processus (comment faire faire ?) et la communication sur la vision et la stratégie ?
- Comment est-ce que je communique afin que chaque membre de l'équipe trouve du sens dans son action ?

Pour conclure

Le leadership est un des aspects du management mais on ne peut pas l'identifier avec ce dernier, c'est juste un des multiples atouts que doit posséder un manager efficace. La question n'est pas le choix entre le management et le leadership mais dans l'habileté à adapter le mode de fonctionnement correspondant au contexte et au collaborateur.

DIRIGER EN LEADER

Passer du manager au leader

Les objectifs

- Comprendre les éléments fondamentaux (les piliers) à développer afin de libérer son potentiel et construire son identité de leader.
- Développer un leadership en cohérence avec son essence et sa personnalité, et pas uniquement basé sur des techniques de relations humaines.

Le point de départ

Faites preuve de leadership ! Plus facile à dire qu'à faire, pense Tony, manager depuis peu. Tous les ouvrages qu'il a lus jusqu'à maintenant lui présentent des « recettes », des « attitudes » pour avoir la « posture » de leader ; mais Tony se sent jouer un rôle en appliquant ces conseils.

Il se demande comment développer son potentiel de leader en s'appuyant sur ses propres compétences et sa personnalité.

L'essentiel

Tel un arbre, le leadership ne peut être solide et pérenne que si ses fondations (ses racines) sont profondes et bien ancrées.

Ces fondations peuvent être matérialisées sous forme de trois piliers interdépendants :

Le conseil de l'expert

Nous avons tous un potentiel de leader, lui permettre d'émerger commence par renforcer ces trois piliers qui sont fondamentaux et intimement personnels.

Lorsque ces trois piliers sont en harmonie et bien ancrés, ils permettent de faire émerger sa puissance et une grande force de mobilisation.

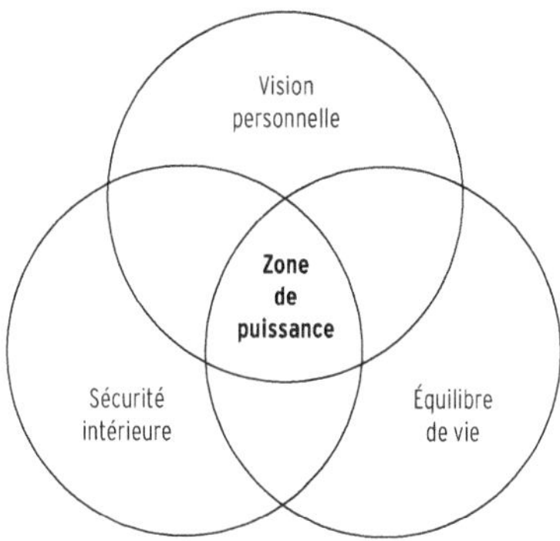

1. Développer une vision personnelle et donner du sens

Le leadership repose sur une vision claire de ses objectifs, de la manière de les atteindre et des moyens à mettre en œuvre, afin de pouvoir définir et porter une vision collective. Les étapes pour consolider ce pilier sont :

- avoir une représentation précise de ses objectifs personnels en accord avec ses valeurs et ses principes (comment je me vois dans trois ans ? dans dix ans ?), et articuler tous ses actes autour de ces objectifs ;
- transformer sa vision en projets opérationnels ; établir des objectifs clairs et les articuler avec les objectifs collectifs.

2. Développer sa sécurité intérieure

Développer sa sécurité intérieure, c'est développer une grande conscience et une profonde connaissance de soi :

- identifier ses forces, ses faiblesses, ses propres leviers et ses zones de vulnérabilité ;
- développer une posture et des pratiques s'appuyant sur ses points forts, les renforcer et consolider ses points faibles ;
- ne pas avoir peur des critiques, considérer que tout est apprentissage ;
- être conscient de ses limites ; se donner les permissions et les protections pour chacune de ses actions ;

- développer son cadre de référence interne; être à l'écoute et être pleinement conscient de son entourage, mais ne pas laisser son humeur et son énergie dépendre de la parole des autres et des variations de l'environnement.

Le conseil de l'expert

Notre sens de la sécurité interne correspond à notre identité, à notre ancrage émotionnel, à notre propre estime et à la force personnelle qui nous permettra d'avancer et d'entraîner dans cette énergie un groupe ou une équipe.

3. Maintenir un équilibre de vie

L'équilibre de vie passe d'abord par un équilibre entre les différentes identités du manager et, en particulier, entre l'identité «privée» et l'identité professionnelle.

L'efficacité et l'énergie passent aussi par un fonctionnement harmonieux de trois dimensions qui composent la personnalité humaine – physique, mentale et émotionnelle:

- Physique: préserver le corps et entretenir une pratique sportive afin de développer l'endurance, d'améliorer les capacités du corps et de l'esprit, et de développer tonus et force musculaire. Le corps et l'esprit sont intimement liés; un corps en bonne santé est générateur d'énergie mentale et de ressources facilitant la gestion du stress et des contraintes de l'environnement.
- Mentale: à l'image du corps, le potentiel mental doit être entretenu. Stimuler les différentes parties du cerveau en multipliant les activités et les centres d'intérêt, afin de solliciter à la fois les raisonnements logiques et rationnels, et les facettes intuitives et créatrices.
- Émotionnelle: l'émotion est une réponse à la fois physique et psychologique aux contraintes et aux stimuli de l'environnement. Il est nécessaire de prendre pleinement conscience et d'accepter ses sentiments, et de développer une écoute et une ouverture aux autres.

Les questions à se poser

- Comment je me vois dans trois ans, cinq ans, dix ans ?
- Quels sont les points forts sur lesquels je peux capitaliser ?
- Quels sont les axes d'amélioration sur lesquels je dois travailler ?
- Comment est-ce que je concilie ma vie professionnelle et ma vie personnelle, comment je gère cet équilibre ?

Voir annexe 37 : Test – L'« asservité » ou l'affirmation de soi.

Pour conclure

Vision, sécurité et équilibre sont les trois piliers interdépendants, permettant au leader de développer la puissance et l'assurance lui conférant d'être une force mobilisatrice et entraînante.

Une fois ces piliers identifiés et consolidés, la construction de l'identité de leader passe par le développement de la « posture de leader » basée sur un ensemble de comportements qui constituent la partie visible, le moyen de mettre en action son rôle de leader.

CONSOLIDER SA POSTURE DE LEADER

Identifier les fondements de son leadership personnel

L'OBJECTIF

Identifier les trois comportements fondamentaux que le manager doit développer afin d'installer de manière durable et solide sa posture de leader.

LE POINT DE DÉPART

Béatrice sort dépitée de la réunion de début d'année. En effet, le grand patron a encore une fois parlé d'ouverture et d'écoute dans un discours à sens unique, sans mentionner les remarques et critiques qui lui ont été remontées ces derniers mois.

Comment être motivée par un manager qui prône le « faites ce que je dis et pas ce que je fais » ?

L'important n'est pas seulement ce que dit le leader mais aussi et surtout ce qu'il est, comment il incarne les objectifs qu'il fixe.

L'ESSENTIEL

Le point fondamental dans la reconnaissance du leadership est l'intégrité dont doit faire preuve le leader en :

- établissant des valeurs claires ;
- incarnant et vivant lui-même ces valeurs.

La clé est que les actions du leader soient en adéquation avec ses paroles et ses convictions.

1. Les « 3 C » du leadership

Ces comportements permettent d'installer et de développer l'intégrité du leader et de générer la confiance et l'adhésion.

CONGRUENCE

On dit qu'il y a congruence lorsque ce que l'on montre (comportement externe) est en accord avec ce l'on pense (processus mentaux) et ce que l'on ressent (état interne).

Le leadership se développe non pas sur des bases théoriques mais en fonction de son essence, de ses valeurs et de ses convictions. Il faut donc :

- incarner sa vision et le sens que l'on veut donner aux actions. Sans une grande cohérence entre ce qui est fait et le message qui est véhiculé, les véritables motivations finissent par se dévoiler, l'insécurité ou le double jeu est perçu, et la confiance est perdue ;
- être constant dans toutes ses actions mais savoir s'adapter en permanence aux évolutions de l'environnement.

COURAGE

Le courage passe par savoir affronter la réalité : regarder les choses comme elles sont et prendre les décisions qui sont nécessaires.

Cela implique d'être pleinement en contact avec les trois piliers que nous avons vus précédemment et cela peut amener à dire et faire des choses qui ne plaisent pas à tout le monde.

Le courage du leader consiste à :

- Voir la vérité en face et oser l'exprimer. La lucidité est l'un des premiers signes de courage. Nombreux sont ceux qui préfèrent ne pas s'avouer qu'il y a un problème, plutôt que le reconnaître et devoir ainsi y réagir. C'est pourquoi le manque de courage est souvent insidieux: il est plus facile de se considérer ignorant que lâche!

- Savoir prendre des décisions face au risque ou dans l'incertitude. Prendre des décisions sans avoir pu peser en détail leurs conséquences ni collecter toutes les informations souhaitées est difficile mais souvent indispensable. À l'inverse, le courage consiste parfois à oser ne pas décider tout de suite malgré la pression de son supérieur ou de ses collaborateurs!
- Oser sortir de sa zone de confort. Se fixer des buts ambitieux et avoir la persévérance de les poursuivre, même face à l'adversité.

CONFIANCE

Le leader repose sa puissance sur la confiance.

La confiance en ses convictions et ses forces, ce qui constitue un des trois piliers fondamentaux; la confiance qu'il génère auprès de ces collaborateurs, mais aussi la confiance dans les autres et dans leur capacité à grandir et à s'améliorer.

Manager avec confiance c'est:

- être constant dans ses décisions et ses actions, respecter ses engagements, communiquer sur tout changement de contexte ou de cap;
- impliquer les collaborateurs dans les processus d'innovation et d'évolution de l'organisation, libérer la parole et tenir compte des remarques et suggestions;
- oser déléguer. Une forme de courage consiste à oser s'en remettre aux autres. Il faut accepter de perdre le contrôle des résultats, être prêt à se remettre en question, partager l'information, etc.

Les questions à se poser

- Est-ce que je suis assez exemplaire concernant les objectifs, comportements et attitudes que je fixe à mes collaborateurs?
- Comment je gère et communique sur les difficultés et les contraintes que je rencontre et qui remettent en jeu mes objectifs et les objectifs collectifs?
- Suis-je assez proactif ou réactif dans la gestion des crises et des moments difficiles?

- De quoi ai-je besoin pour pouvoir prendre mes décisions et comment je gère l'incertitude ?
- Suis-je capable de déléguer efficacement ?

Pour conclure

L'ensemble des attitudes et des actions essentielles dans le fonctionnement du leader peut être regroupé sous trois comportements (les « 3 C »). Ces comportements permettent un leadership solide et intègre. Après avoir installé son leadership, l'étape suivante consiste à l'intégrer à ses pratiques managériales. Chaque collaborateur étant différent, le leader doit savoir adapter sa communication et son niveau de délégation en fonction du degré d'autonomie des membres de l'équipe.

LES ATTITUDES ET COMPORTEMENTS DU LEADER

Identifier le meilleur moyen de guider ses collaborateurs

LES OBJECTIFS

- Comprendre la notion d'autonomie chez un collaborateur.
- Adapter son leadership afin de guider et faire évoluer les équipes.

LE POINT DE DÉPART

Ronald ne sait plus comment prendre David, son collaborateur depuis un an. Celui-ci, qui était si enthousiaste et motivé à son arrivée, se montre maintenant critique, voire réfractaire à toute consigne concernant ses activités.

Ronald, qui ne le sent pas suffisamment autonome pour vraiment déléguer, se demande quel management adopter dans ce cas...

L'ESSENTIEL

1. La notion d'autonomie

La notion d'autonomie se définit comme la combinaison de la notion de compétence (le savoir-faire) et de la notion de motivation (le vouloir faire).

L'autonomie se définit toujours dans un contexte bien défini :

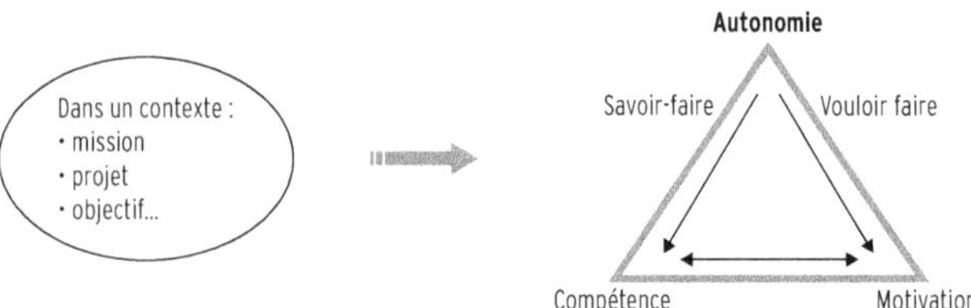

Il ne faut pas confondre l'autonomie avec l'accès à l'indépendance. L'autonomie est un cycle passant par quatre étapes, chacune correspondant à un degré d'autonomie.

LA DÉPENDANCE

La compétence est faible et l'engagement est élevé : le collaborateur est intéressé et enthousiaste à réaliser des objectifs ou son travail, mais manque de compétence et d'expérience.

LA CONTRE-DÉPENDANCE

Le collaborateur a normalement développé quelques capacités en relation avec l'objectif ou la tâche, mais est souvent frustré et démotivé suite à des attentes non réalisées. Le collaborateur a besoin, pour savoir ce qu'il vaut, de dire non ; il est à la fois soumis et rebelle.

L'INDÉPENDANCE

Le collaborateur a de bonnes connaissances concernant l'objectif ou la tâche à atteindre ou à accomplir, mais sa confiance peut être instable, ce qui peut affecter sa motivation. Le problème de cette étape est le manque de communication. Il a besoin de son espace, de son rythme et de trouver son identité.

L'INTERDÉPENDANCE

Le collaborateur a maîtrisé l'objectif ou la tâche, et est confiant et motivé. L'échange devient à nouveau possible, sur des bases nouvelles.

2. Quel style de leadership adopter ?

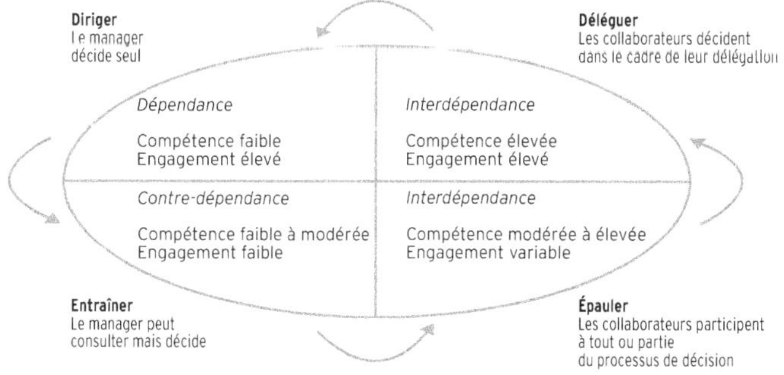

DIRIGER (STYLE DIRECTIF)

Donner les objectifs, les règles, les repères, les consignes, les valeurs et encourager.

- Qualités à développer : capacité à définir des missions et des objectifs, à mettre en place des outils et méthodes de gestion.
- Risque : le style directif peut devenir autoritaire.

ENTRAÎNER (STYLE PERSUASIF)

Mobiliser les collaborateurs et utiliser des comportements persuasifs. Il peut être nécessaire de gérer une frustration en face de l'agression de son subordonné.

- Qualités à développer : talent personnel pour expliquer et convaincre, système de récompense et d'incitation.
- Risque : le style persuasif peut devenir manipulateur.

ÉPAULER (STYLE PARTICIPATIF)

Associer le collaborateur, assumer la frustration de la non-communication et compenser en négociant des objectifs très clairs.

- Qualités à développer : connaissance individuelle de chaque collaborateur, talent de négociateur, d'accoucheur, de conseiller, d'arbitre, etc.
- Risque : le style participatif peut devenir réunionniste.

DÉLÉGUER (STYLE DÉLÉGATIF)

Responsabiliser son collaborateur, le considérer comme un *alter ego* et lui donner les signes de reconnaissance de cette relation de confiance et de parité.

- Qualités : aptitude à évaluer les capacités et motivations de ses collaborateurs, et à leur confier des activités en rapport.
- Risque : le style délégatif peut devenir laxiste.

Le conseil de l'expert

Si le manager doit envisager un cycle progressif pour gérer chaque collaborateur au fur et à mesure de sa montée en autonomie, il est essentiel d'être attentif aux difficultés que peut rencontrer ce dernier (tâche nouvelle, baisse de motivation) afin de redescendre d'un cran pour adopter le style de management adéquat.

Les questions à se poser

- Quel est le niveau de compétence de mon collaborateur par rapport à la tâche confiée ? Et son niveau de motivation ?
- À partir des réponses apportées aux questions précédentes, quel est son degré d'autonomie ?
- Quel est le style de management que je dois adopter au regard de la maturité professionnelle de mon collaborateur ?
- Quel style de management dois-je appliquer quand mon collaborateur est en difficulté ?
- Quel style de management dois-je appliquer avec mon collaborateur en situation de crise ou d'urgence ?

Pour conclure

Chaque étape suppose un style de direction approprié, supposant la prise en compte des besoins psychologiques des collaborateurs et du problème à traiter, propre à chaque étape. Il faut observer, écouter, analyser et s'adapter.

Il est important de savoir adopter tous les styles et de ne pas se laisser enfermer dans une catégorie ou une autre.

Ces étapes peuvent être résumées en deux grandes postures :

- le manager est « moteur » lorsque son collaborateur est au stade de la dépendance ou de la contre-dépendance ;
- le manager est « accompagnateur » lorsque son collaborateur est au stade de l'indépendance ou de l'interdépendance.

Dans tous les cas, le rôle de leader est de donner du sens aux tâches et aux actions des collaborateurs afin de les guider et de donner de la cohérence à leurs évolutions.

Communiquer en situation de management

Fabrice Daverio

LA COMMUNICATION NON VERBALE DU MANAGER

Communiquer sereinement sans lever le pied

Les objectifs

- Adopter facilement une communication non verbale efficace.
- Développer un comportement adapté à la mission de manager.
- Habiter physiquement le « costume » de manager.

Le point de départ

Rappelez-vous les nombreuses situations où votre propre manager s'est adressé à vous.

« Je vais parler de vous au directeur général. » Si votre manager vous dit cette phrase les mains derrière le dos, le regard hautain, l'air sévère, avec une voix d'outre-tombe, vous tremblez. Maintenant, s'il vous dit la même chose les bras ouverts, le regard franc, avec un large sourire et du soleil dans la voix, ce n'est plus la même histoire...

Votre manager doit démarrer la réunion. Il fouille dans ses notes sans regarder personne. Puis, tout en relisant ses slides, il triture nerveusement un trombone de la main droite tandis que sa main gauche est cramponnée à la table. Il n'a pas ouvert la bouche que vous vous dites déjà : « Ouille, il n'est pas à l'aise, il y a un problème... »

Beaucoup des outils présentés dans ce chapitre sont adaptés des enseignements d'écoles de théâtre spécialisées dans l'expression corporelle comme l'École Jacques-Lecoq ou les cours de Tania Balachova-Vera Gregh. À ces outils viennent se greffer des « trucs » de journalistes habitués aux gestes et comportements qui passent bien à l'écran.

L'ESSENTIEL

1. Manager « ancré », manager confiant

Tout part des pieds.

En position debout :

- poser ses deux pieds bien à plat sur le sol et les écarter légèrement : le message sera transmis avec davantage d'assurance ;
- décoller son dos du mur : l'occupation de l'espace sera meilleure ;
- plier à peine ses genoux : moins de raideur dans les jambes, plus de souplesse relationnelle.

En position assise :

- poser ses deux pieds bien à plat sur le sol et les écarter légèrement ;
- décoller son dos du dossier du fauteuil ou de la chaise puis avancer son séant.

2. Mains disponibles, manager prêt

Les mains :

- ne se touchent pas : *de facto* la posture sera plus ouverte vers les autres ;
- ne touchent aucune partie des vêtements ou de l'anatomie : aucune impression de gêne ou de timidité ne sera transmise ;
- sont positionnées au départ en l'air devant soi à la hauteur du torse : cette posture communiquera d'emblée une grande assurance ;
- sont vides d'objet – pas de stylo ou de trombone à triturer : l'attention des collaborateurs ne sera pas attirée par un élément perturbateur.

3. Gestuelle ouverte et variée, manager vivant

Être bien « ancré » et maintenir ses mains « disponibles » a pour but *in fine* de permettre de faire des gestes :

- hauts : ils seront perçus comme « assumés » ;
- variés : ils donneront davantage de vie et de sens aux propos ;
- précis : ils exprimeront par là de la rigueur, de la méthode, alors qu'une gesticulation sera plutôt interprétée comme de la gêne, de l'inquiétude ou de la peur ;

- complets: aller au bout de son geste, c'est aller au bout de son raisonnement, au bout de son opinion, de sa conviction, etc.

4. Regard franc, manager présent et respectueux

Pour être sûr que son collaborateur se sente regardé, donc pris en considération:

- Le regarder dans l'une de ses deux pupilles, au milieu de l'œil.

Le conseil de l'expert

Attention:

- tout regard «par en dessous» donne rapidement une impression de «louche»;
- tout regard «par au-dessus» donne rapidement une impression de mépris.

Aux porteurs de lunettes, nous conseillons de préférer:

- les lunettes qui dégagent le regard: verres larges, montures fines;
- les lentilles.

Le conseil de l'expert

Attention:

- aux montures qui tombent sur le nez et qui donnent des airs de professeurs ou de maîtresses d'école faisant la leçon à leurs élèves;
- aux montures qui barrent les yeux et brouillent le regard.

Quand on s'adresse à une équipe: prendre le temps de regarder chacun des collaborateurs présents à tour de rôle, sans systématisme.

D'une façon générale, un collaborateur non regardé ne se sent pas concerné par ce qui est dit, avec toutes les conséquences que cela peut avoir: manque de considération, perte d'intérêt, démotivation, rancœur, etc.

5. Manager sensible, humanité

Humain se traduit dans le comportement par:

- du sourire au coin des lèvres;
- du plaisir au coin des yeux;

- de la distance vis-à-vis de soi-même ;
- du cœur ;
- de l'envie de partager ;
- une curiosité de l'autre et des situations ;
- une capacité à reconnaître, nommer et prendre en considération ses émotions et celles des autres.

Un manager déçu d'apprendre que son équipe n'a pas gagné l'appel d'offres peut dire sa tristesse avant de remonter le moral de ses troupes...

Les questions à se poser

En situation de prise de parole :

- les deux pieds sont-ils posés bien à plat sur le sol ?
- le dos est-il décollé du mur ou du dossier de la chaise ?
- les mains sont-elles libres ?
- est-ce que des gestes hauts, variés, précis et complets accompagnent le propos ?
- est-ce que chacun des collaborateurs se sent suffisamment regardé ?

Maintenant sur un plan personnel :

- est-ce que je connais l'image que je donne à voir de moi ?
- est-ce que je me suis déjà exercé(e) à parler devant une glace ?

La question à ne pas me poser :

- est-il utile de me regarder au moins une fois dans une glace ?

La seule chose à faire maintenant : me mettre devant un miroir en pied et appliquer étape par étape les exercices de ce chapitre. C'est une aventure humaine qui vaut la peine d'être vécue...

Pour conclure

Votre corps parle pour vous, aussi nous vous invitons à vivre ce que vous dites. Cela passe par une implication physique, des gestes, des regards, des expressions authentiques et, si possible, avenantes.

Cette implication physique vous permettra également d'améliorer votre image sonore, comme nous le verrons dans la séquence suivante.

LA COMMUNICATION VERBALE DU MANAGER

S'entraîner rigoureusement à parler avec plaisir

Les objectifs

- Avoir un discours clair et posé.
- Être vivant.
- Faire passer de l'émotion dans vos messages.

Le point de départ

La diction d'un Fabrice Luchini, le rythme d'un Coluche, l'envolée d'un Desproges, la voix gouailleuse d'une Arletty, les discours théâtralisés d'un Malraux, le gospel parlé de Martin Luther King, le lyrisme d'un Barack Obama: par la voix passent l'émotion, la sensibilité, le souffle et la vie. La moindre altération de la voix est sujette à interprétation: hésitation, colère, trouble, anxiété? Le changement de rythme de la voix attire l'attention, la modulation la retient. À l'inverse, un phrasé monotone, monocorde, linéaire, sans respiration ennuie, endort. Combien de discours assommants ont été prononcés? Combien de réunions ont-elles sombré dans une succession de monologues plats et insipides?

La plupart des exercices présentés ici nous viennent du théâtre, l'exercice de respiration du yoga, et le « DESC » des travaux de Gordon H. et Sharon A. Bower.

L'essentiel

1. Articuler pour être compris

- Prendre soin de prononcer dis-tinc-te-ment ce que l'on dit à l'autre est ressenti comme une marque d'attention et de respect. En cas de difficultés de pro-non-ci-a-tion, s'entraîner grâce aux exercices d'articulation n°s 1 à 9 présentés en annexe.

- Dire l'ensemble de sa phrase à haute et intelligible voix jusqu'à la fin est vécu comme une marque d'attention à l'autre. Trop de managers mangent les derniers mots, inaudibles pour leurs collaborateurs. Au lieu de (le texte en gras est dit de façon soutenue): «**La nouvelle stratégie consiste à renforcer nos investissements** en R & D», préférer «La nouvelle stratégie consiste à renforcer nos investissements **en recherche et développement**».

Voir annexe 32: Fiche outil – Exercice d'articulation et de diction.

- Afin d'avoir une voix plus agréable à entendre, voici un exercice facile à faire le matin d'une journée importante, dans la voiture avant un rendez-vous stratégique ou dans son bureau avant un entretien délicat:
  - → choisir un texte que l'on connaît par cœur: vers, paroles de chanson;
  - → dire ce texte à haute voix de façon linéaire et neutre, comme une voix d'ordinateur;
  - → dire le même texte en phrasé chanté, en accentuant à l'extrême les graves et les aigus; ne pas avoir peur du ridicule;
  - → dire maintenant le texte «normalement»: la voix est modulée, le débit fluide et la voix tout simplement plus agréable à entendre.

Voir annexe 32: Fiche outil – Exercice d'articulation et de diction.

Au besoin répéter cet exercice deux ou trois fois.

2. Respirer pour être entendu, se mobiliser et retrouver de la sérénité

Pour respirer mieux, il faut d'abord **penser** à respirer. Avant de parler, inspirer permet ensuite de dire les choses avec davantage de souffle et de conviction.

Voir annexe 31: Fiche outil – Exercice de respiration.

Comme respirer est une action réflexe, il est difficile de se concentrer sur ce que nous faisons naturellement. Aussi recommandons-nous un exercice en annexe.

3. Maîtriser les silences

Si la personne qui parle prend régulièrement le temps de respirer, *de facto* elle fait aussi régulièrement de courtes pauses. Plusieurs bénéfices en une seule action; le silence permet en effet:

- de «poser» son discours, d'exprimer ainsi de la sérénité et de la confiance;
- aux collaborateurs d'assimiler, ce qui facilite l'écoute;

- de valoriser ce que l'on a envie de mettre en avant. Exemple (chaque «/» correspond à un silence de deux secondes): dire «Voilà les résultats/bravo pour votre implication/même si vous n'y êtes pas pour grand-chose vous avez bénéficié en plus des mauvais résultats de la concurrence» est assez différent que de dire «Voilà les résultats/bravo pour votre implication même si vous n'y êtes pas pour grand-chose/vous avez bénéficié en plus des mauvais résultats de la concurrence»...

4. Variation et écoute de l'autre

Varier le rythme, le débit, accélérer, ralentir, se taire trois secondes, repartir à voix basse avant de hausser le ton: la variation se travaille. Voici quelques trucs de comédiens pour vous entraîner:

- répéter certains mots: «Nous allons doubler, **doubler** nos investissements...»;
- insister sur un ou deux mots pour les détacher: «C'est un échec **pour eux**, pas pour nous»;
- détacher les syllabes: «Ce n'est pas nécessaire, c'est **in-dis-pensable**»;
- enchaîner les mots: «Les services **marketing-commercial-communication** doivent travailler main dans la main»;
- varier les moments plus rapides, plus lents, plus bas, plus hauts;
- mettre l'accent tonique sur les tout premiers mots d'une nouvelle phrase, le buste part alors naturellement vers l'avant: «Quand tout à coup», racontait Alain Decaux...

Plus on varie les plaisirs, plus le discours est vivant et plus les collaborateurs écoutent.

Le conseil de l'expert

Parler avec des gestes variés, comme nous l'avons vu à la séquence précédente, aide à moduler son débit sonore.

5. Émotion

L'essentiel de ce qui est retenu relève du registre émotionnel. Aussi est-il utile de s'entraîner à s'exprimer avec l'émotion appropriée à la situation. Un des outils les plus universels est le DESC:

Description factuelle de la situation + dire son **É**motion + **S**olution ou **S**uite + **C**onclusion.

Voir annexe 25: Fiche outil – Le Desc.

L'exercice suivant permet de s'entraîner à dire **à haute voix** [**et avec le ton qui convient**] les quatre principales émotions :

- JOIE : « Vous êtes à 110 % de vos objectifs, [**jovial**] je suis heureux pour vous, je vous propose de fêter cela avec le reste de l'équipe, ainsi tout le monde pourra partager ce succès. »
- PEUR : « La concurrence a lancé un nouveau produit, [**grave**] je crains que nos ventes baissent, il faut multiplier nos attentions aux clients, nous aurons ainsi une chance de résister. »
- COLÈRE : « Vous avez rendu votre rapport en retard, [**sec**] je suis agacée, je vous propose à l'avenir de faire un point plus régulier, nous éviterons ainsi les mauvaises surprises. »
- TRISTESSE : « Nous n'avons pas eu le marché, [**dépité**] je suis déçu, analysons maintenant les causes de ce revers, et nous aurons plus de chances de remporter le prochain appel d'offres. »

Les questions à se poser

- Est-ce que j'inspire avant de parler, est-ce que je respire régulièrement ?
- Est-ce que je pense à chauffer et à exercer ma voix régulièrement ?
- Est-ce que je parle suffisamment dis-tinc-te-ment pour que tout le monde comprenne ?
- Est-ce que mon débit est continu ou est-ce que je m'arrête de temps en temps ?
- Est-ce que je varie les plaisirs ou est-ce que je parle de façon monotone ?
- Est-ce que je fais passer de l'émotion dans mon propos ?

Pour conclure

Dites moins de choses et dites-les mieux. Aidez-vous de gestes pour parler de façon vivante, avec calme et émotion, tranquillité et vigueur. Chauffez votre voix avant les moments importants, choisissez deux ou trois exercices de ce chapitre et exercez-vous régulièrement. Plus vous serez à l'aise, plus vous prendrez du plaisir à parler et plus vos collaborateurs prendront du plaisir à vous écouter.

LA STRUCTURATION DU MESSAGE DU MANAGER

Construire un message : toute une histoire

Les objectifs

- Construire des messages efficaces et bien compris.
- Atteindre vos objectifs de communication.
- Augmenter votre capacité à convaincre.

Le point de départ

Quand un manager s'exprime de façon désordonnée, il donne l'impression de ne pas savoir où il va. Quand il tente de convaincre des personnes déjà convaincues, sa démarche paraît saugrenue. Quand il exprime trop vite son opinion, il provoque des oppositions ; quand il l'exprime trop timidement, on le soupçonne de manquer de confiance en lui ou dans le projet qu'il présente. À trop vouloir marquer les esprits avec son cœur ou ses « tripes », il risque de passer pour un manipulateur...

Bref, construire des messages efficaces nécessite de la méthode.

À l'exception du *storytelling*, issu de la communication politique nord-américaine, les techniques présentées dans ce chapitre trouvent leurs sources dans le savoir-faire journalistique.

L'essentiel

1. Déterminer un objectif

- À qui s'adresse mon message ? Pour s'assurer de ne pas se tromper de cible.
- Quelle est l'idée prioritaire ? Pour éviter de se disperser.
- Comment vérifier que l'objectif a été atteint ? Afin de s'assurer que son objectif est réaliste.

Exemple d'objectif: les commerciaux ont besoin de communiquer davantage entre eux. L'idée prioritaire: manque de communication = manque d'efficacité. L'objectif sera atteint si chaque commercial partage au cours de la réunion du lundi au moins trois informations nouvelles.

2. En fonction de l'objectif, définir

- **L'angle** qui intéresse les collaborateurs. « Plus d'échanges entre vous = plus de salaire variable à l'arrivée. »
- **L'accroche,** pour capter l'attention. « La semaine dernière, Michelle cherchait des informations que Damien détenait mais Damien ne le savait pas. »
- **La chute**, le mot de la fin, le « take home message » disent les Américains, afin de marquer les esprits et de s'assurer que l'essentiel est retenu. « Le silence est peut-être d'or, mais en l'occurrence, c'est en parlant que vous décrocherez l'argent ! »

3. Construire une argumentation solide : faits, opinions, émotions

- FAITS : avancer les faits irréfutables pour créer un socle commun de réflexion et renforcer la confiance.
- OPINIONS : assumer son opinion.
- ÉMOTIONS : jouer sur la corde sensible pour inviter ses collaborateurs à l'action.

Exemple :

FAITS : Françoise a vendu 20 % de produits en plus que le reste de l'équipe le mois dernier. J'ai découvert qu'elle avait développé une argumentation originale performante.

OPINION : si cette argumentation avait été partagée, elle aurait permis à tout le monde de vendre plus.

ÉMOTION : je regrette pour vous comme pour moi que cette argumentation n'ait pas été partagée plus tôt ; si tel avait été le cas, l'équipe aurait à coup sûr atteint 110 % de l'objectif, avec une belle prime à la clé.

OPINION : je propose donc que Françoise nous expose son argumentation et réponde à vos questions.

4. Pour atteindre l'objectif, opter pour la stratégie de communication la mieux adaptée

- Si les collaborateurs sont *a priori* réceptifs, aller tout de suite à l'essentiel : être synthétique augmente l'impact du propos.

Le conseil de l'expert

Dire l'essentiel en moins de trois minutes.

- Si les collaborateurs sont *a priori* réticents :
  - → les laisser s'exprimer ;
  - → identifier et expliciter les désaccords, résistances et pierres d'achoppements : le manager montrera ainsi qu'il écoute ;
  - → répondre aux objections : un collaborateur accepte d'être convaincu s'il a d'abord été écouté.

5. L'illustration

- Des exemples : pour inviter vos collaborateurs à réfléchir concrètement à des solutions.
- Des anecdotes, métaphores, analogies : pour illustrer son propos et créer des images fortes. « Travailler chacun dans son coin sans communiquer, c'est comme si vous partiez en vacances en famille, au bord de la mer et au mois d'août, sans avoir réservé ! »

6. La répétition

N'est entendu puis retenu que ce qui a été répété. Même quand le collaborateur a parfaitement bien compris, il ne peut s'empêcher un « Pardon ? », « Excusez-moi, je n'ai pas dû bien entendre » ou « Tu peux me répéter ça ? »

- Répéter trois fois l'idée prioritaire, soit dans le même discours, soit lors de trois réunions successives. Deux stratégies possibles :
  - → disque rayé : répéter trois fois le message mot pour mot. Cette technique permet d'enfoncer le clou, à l'instar d'un spot publicitaire ;
  - → prendre des angles différents, illustrer son propos par des analogies variées. Cette façon de faire permet d'adapter le même message à des collaborateurs et contextes différents.

7. Le storytelling

C'est l'art de raconter une histoire qui « parle ». L'histoire permet :

- de faire voyager ses collaborateurs vers une destination bien précise : l'objectif ;
- de jouer, par pur effet narratif, sur la corde sensible ;
- de raconter facilement « hier » ou « demain » et de projeter ses collaborateurs dans l'avenir.

Exemple : raconter l'histoire d'une équipe qui a échoué parce qu'elle a mal communiqué (l'explosion de la navette Challenger, le naufrage du Titanic).

À l'inverse, raconter l'histoire d'une équipe qui a réussi grâce à une bonne communication entre ses membres : une équipe de double au tennis, une expédition dans l'Himalaya, etc.

8. Impact et confiance

Pour renforcer la confiance, le manager veille à :

- élaguer son discours : son propos est clair ; il ne parle pas à la légère ;
- tenir un discours cohérent dans le temps et cohérent avec ses actes. Sa crédibilité est renforcée ;
- argumenter en s'appuyant sur des faits irréfutables, sans lesquels les collaborateurs perdraient rapidement confiance.

Le discours du manager n'a *in fine* que l'impact que ses collaborateurs lui accordent. Pas d'impact sans un climat de confiance.

Les questions à se poser

- Est-ce que mes collaborateurs me font confiance ?
- Sinon, mon premier objectif n'est-il pas de gagner cette confiance ?
- Ai-je déterminé clairement mon objectif ?
- Mon argumentation s'appuie-t-elle sur des faits irréfutables ?
- Est-ce que j'assume mes opinions ?
- Est-ce que je fais suffisamment appel au registre émotionnel ? À bon escient ?

- Mon propos est-il illustré ?
- Au lieu d'argumenter, quelle histoire puis-je raconter ?

Pour conclure

« Le volcan de l'île de la Réunion s'appelle le piton de la Fournaise. Un jour, un touriste est parti marcher sur le site du volcan sans but précis. Il s'est perdu. Il est mort de froid. Moi, je pense que ce drame aurait pu être évité si ce touriste avait déterminé sur la carte son but de promenade, préparé son sac en conséquence et suivi les balises du sentier. Ces règles élémentaires de la marche en montagne s'appliquent aussi à la structuration du message : sans objectif, on se perd ; sans sac, on est vite à court de ressources, d'arguments et de répondant. Le sentier, c'est l'angle, le chemin pour atteindre son but... » Raconter une histoire courte, contenant faits-opinions-émotions, dont la « morale » correspond à l'objectif, est le plus sûr moyen d'atteindre votre but. Votre message, parce qu'il est vivant, illustré et pertinent, sera reçu « 5 sur 5 ». Vous devriez essayer, essayer encore, en n'hésitant pas à répéter les idées prioritaires, une fois, deux fois, trois fois. Et n'oubliez pas : vous ne convaincrez que les personnes que vous aurez préalablement écoutées. Rendez-vous donc à la séquence suivante, consacrée à l'écoute.

L'ÉCOUTE DU MANAGER

Écouter pour se faire entendre

Les objectifs

- Créer un cadre propice à l'écoute.
- Écouter ce que l'autre dit et tait.
- Donner un feed-back constructif.

Le point de départ

Suzanne parle d'un problème à Jean-Paul, son manager. À peine Suzanne s'est-elle exprimée depuis deux minutes que Jean-Paul lui dit : « Ne t'en fais pas, ça va aller », et il pense « Il faudra que je réfléchisse à ce qu'elle me dit, mais là, je n'ai pas le temps. » Suzanne ne se sent pas écoutée.

Autre situation : pendant que Suzanne parle, Jean-Paul pense à ce qu'il va lui dire et enchaîne avec un « Si j'ai bien entendu ce que tu m'as dit », suivi d'une reformulation approximative. Suzanne se dit que, décidément, son manager ne comprend « rien ».

Fabienne, elle, a appris qu'il était important de laisser l'autre s'exprimer. Pendant que Pierre parle, elle se tait. Quand il a terminé, Fabienne le remercie et, sans tenir compte de ce qu'il a dit, parle toute seule. Pierre regrette de s'être confié de la sorte et se promet de ne plus recommencer...

Pour éviter les simulacres de communication, le manager doit d'abord développer une écoute efficace. Tout le problème est de savoir ce que l'on entend par « écoute efficace »...

Les recommandations présentées dans cette séquence sont tirées de l'expérience de coachs, de formateurs et de managers seniors. Les propositions de feed-back sont inspirées des signes de reconnaissance conditionnels positifs et négatifs de l'analyse transactionnelle.

L'ESSENTIEL

1. Celui qui écoute n'est pas le sujet

- Se mettre momentanément entre parenthèses pour être vraiment disponible.
- N'avoir en tête aucune urgence, aucune autre priorité que celle du présent.
- Retarder le temps des commentaires, objections et autres désaccords.
- Permettre à ses collaborateurs de parler sans être interrompus par une mimique, un geste, un mot.

2. Le cadre qui favorise l'écoute et l'expression

- Le temps : dégager du temps, ne fût-ce que quelques minutes.
- La disponibilité : oublier le portable, le téléphone ou toute autre source de perturbation.
- La mise à l'écart de toute autre personne : comme à l'hôtel, il est important d'afficher à la porte de son bureau ou de la relation le panneau « Do not disturb ».
- À l'intérieur d'une équipe :
  - → veiller à ce que chacun se sente respecté et puisse aller au bout de ce qu'il a à dire ;
  - → proposer aux personnes silencieuses de s'exprimer et leur montrer ainsi que l'on a entendu leur silence.

3. Écouter ce qui est dit

Les mots ou les idées qui reviennent :

- sonnent « juste » ;
- semblent empruntés à d'autres.

Le manager peut ainsi savoir ce que son collaborateur pense vraiment.

4. Écouter la façon dont les choses sont dites

- La clarté ou le flou du propos.
- Les émotions contenues dans le message.

Le manager peut se faire une idée plus précise de l'état d'esprit de son collaborateur.

5. Écouter les ruptures

- Les hésitations.
- Les silences.
- Les difficultés à enchaîner.

Le manager entend que son collaborateur a besoin de préciser sa pensée ou son problème.

6. Écouter ce qui est important pour l'autre

- Ses valeurs.
- Ses convictions.
- Ses craintes.

Grâce à cela, le manager trouvera plus facilement les mots « qui parlent » à son collaborateur au moment du feed-back.

7. Écouter ce qui n'est pas dit

- Qu'est-ce que l'autre ne dit pas quand il dit ce qu'il dit ? Exemple : parler d'un marché difficile évite d'aborder les difficultés internes. Parler des erreurs des autres évite de parler des siennes…
- Prêter attention à l'omission. Exemple : dans la présentation d'un projet, le collaborateur parle du produit, de la concurrence, des clients ; entendre qu'il ne parle pas des fournisseurs…

Le manager peut déceler les tentatives conscientes ou inconscientes de son collaborateur de dévier la conversation, de s'exonérer de sa responsabilité, d'ignorer les vrais problèmes. Il est particulièrement important dans cette situation de faire preuve d'empathie et de ne pas porter de jugement.

8. Reformuler ou poser des questions de clarification

Cela permet de :

- montrer que l'on a écouté ;
- témoigner à l'autre son intérêt pour lui ;
- s'assurer d'avoir bien compris.

Le but de la **reformulation** est de permettre à l'autre d'entendre ce qu'il a dit afin qu'il puisse corriger ou préciser sa pensée. Le but de la question de **clarification** est de s'assurer du sens des mots prononcés.

Dans les deux cas de figure, il est important de ne pas interpréter les propos de l'autre.

Exemple : « Qu'entendez-vous par "retard" » est très différent de « Il était en retard de combien de temps ? »

Dans le premier cas, le manager fait préciser. Dans le second cas, il induit qu'il y a eu « retard » – c'est une interprétation –, et il souhaite connaître l'ampleur de ce retard, parce que cette information l'intéresse, lui.

9. Donner du feed-back

C'est le moment où le manager va s'exprimer à son tour en ayant toutes les chances d'avoir l'attention de ses collaborateurs puisqu'ils ont été écoutés. Il va alors pouvoir dire :

- ce qu'il a entendu, en illustrant son propos par des mots et expressions de l'autre ;
- ce qu'il pense – positivement et négativement – et pourquoi. « Je trouve votre première suggestion pertinente parce que... ; je pense que la seconde ne l'est pas parce que... » Le collaborateur sait ainsi sur quoi la discussion peut évoluer ;
- ce qu'il ressent et pourquoi. « Je suis content de remarquer de la bienveillance dans vos propos parce que... », « J'ai eu l'impression que vous étiez assez agressif quand... »

La confiance dans le feed-back sera d'autant plus grande que l'écoute attentive l'aura rendu plus juste.

Les questions à se poser

- Est-ce que je me tais quand l'autre parle ?
- Ai-je tendance à interpréter et juger les propos de l'autre ou est-ce que j'écoute avec empathie ?
- Est-ce que je laisse l'autre s'exprimer ou est-ce que je l'interromps ?
- Est-ce que je pose des questions pour aider l'autre à clarifier son propos ?
- Est-ce que je reformule sans interpréter ?
- Est-ce que je donne des feed-backs constructifs et équilibrés ?

Pour conclure

Écouter revient à être à la fois présent et disponible. C'est une discipline exigeante qui demande de l'empathie, de la générosité et du courage. Un manager qui écoute vraiment, puis reformule, pose des questions de clarification et donne un feed-back constructif devient naturellement plus légitime dans son rôle de manager. Si cette légitimité lui est nécessaire pour exercer son métier, elle devient indispensable pour convaincre, comme nous le verrons à la prochaine séquence.

L'INFLUENCE DU MANAGER

Convaincre : charisme ou méthode ?

Les objectifs

- Être un manager convaincu et convaincant.
- Préparer, cadrer et favoriser les échanges.
- Optimiser vos chances de convaincre dans la durée.

Le point de départ

Le manager, lui-même convaincu, présente ses recommandations.

Premier cas de figure : il sait que son équipe est *a priori* réticente à les appliquer. Alors il redouble d'arguments, de preuves et de témoignages pour tenter de convaincre. À la fin de la réunion, les collaborateurs se disent que, visiblement, « ils n'ont pas le choix ». Sans être réellement convaincu, chacun retourne à son poste de travail.

Second cas de figure : le manager sait que son équipe est *a priori* favorable. Compte tenu de ce paramètre, le manager se dispense d'argumenter et aboutit rapidement à la conclusion. Les collaborateurs ont alors l'impression que leur manager n'est pas aussi convaincu qu'eux...

Les recommandations présentées dans cette séquence sont la compilation de techniques de communication interpersonnelle, de protocoles de négociation et de *best practices* de managers.

L'essentiel

1. Préparer ses interventions

En plus des points de méthode de la séquence 3 de ce chapitre : La stucturation du message du manager, il est nécessaire :

- d'être soi-même convaincu de son propos ;
- d'anticiper les objections et de préparer les éléments de réponse ;

- de dresser la liste des points d'accord et de désaccord possibles;
- de se former à la contradiction, à la prise de parole en situation sensible.

Avant une échéance importante, il peut être utile de s'entraîner avec des personnes de confiance qui jouent les contradicteurs.

S'astreindre à préparer permet de se sentir « prêt », d'être mobilisé, concentré, disponible et calmement déterminé.

2. Capitaliser sur les points d'accord

- Mettre en avant ce qui rapproche.
- Consacrer du temps à échanger sur les points d'accord.
- Profiter des points d'accord pour délimiter les points de désaccord. Exemples:
  - → « Nous sommes d'accord sur l'objectif et simplement en désaccord sur la façon de l'atteindre. »
  - → « Nous sommes d'accord, donc on passe au point suivant... ». Il arrive que les collaborateurs ne soient pas convaincus uniquement parce que le temps a davantage été consacré aux points de désaccord qu'aux points d'accord...

3. Expliciter les points de désaccord

- Permettre à ses collaborateurs d'exprimer leurs désaccords.
- Dire soi-même les éventuels désaccords qui resteraient non dits.
- Préciser ce sur quoi portent exactement ces désaccords afin d'éviter qu'ils ne prennent une ampleur disproportionnée.

Le rôle du manager consiste à expliciter ou faire expliciter les désaccords, pas forcément à les commenter. Un manager peut tout à fait prendre acte que deux personnes de l'équipe ont proposé une solution qui, *in fine*, n'a pas été retenue... Le manager ne cherche pas à être convaincant sur le fond, mais dans la façon dont il joue son rôle.

4. Privilégier la logique inclusive du « et » au détriment de la logique exclusive du « ou »

- Chercher à rapprocher, additionner et collectionner les différents avis.

- Replacer chacun des points de vue dans un contexte précis. Exemple : deux idées apparemment opposées peuvent être adaptées à deux phases différentes d'un même projet.

5. Lâcher prise sur le fond

Être convaincu est un état propre à chacun. Un manager peut vouloir absolument convaincre. La meilleure façon d'y parvenir est paradoxalement d'admettre que l'autre puisse ne pas être convaincu. Face à un indécis qui a déjà entendu les arguments du manager, le rôle de ce dernier consiste moins à tenter de convaincre que :

- d'expliciter le fait que le collaborateur n'est pas convaincu ;
- de demander pourquoi le collaborateur n'est pas convaincu, afin de bien comprendre ;
- d'accepter les raisons de son désaccord ;
- de lui demander ce qui pourrait le faire changer d'avis.

6. Organiser les échanges

- Donner un cadre, convenir et faire respecter les règles, suivre les points de l'ordre du jour.
- S'assurer que chacun joue son rôle. Comme dans une équipe de football, on n'attend pas la même chose de l'attaquant et du gardien… Expliciter ce que l'on attend de chacun.

7. « Métacommuniquer »

De nombreux désaccords viennent d'une interprétation différente des mots employés. Le rôle du manager consiste à :

- encourager chacun à préciser ce qu'il veut dire ;
- proposer des définitions communes sur les mots employés.

Grâce à ce travail, le manager peut entendre des réflexions de collaborateurs du type : « En fait nous sommes d'accord… » ; « Si je comprends bien, nous débattons depuis cinq minutes alors que nous parlons de la même chose… »

8. Convaincre son équipe

Il est rare de convaincre une équipe en ayant convaincu chacun de ses membres. Il suffit que la majorité de l'équipe soit convaincue pour entraîner la minorité. Le manager doit veiller à :

- écouter cette minorité afin qu'elle ne devienne pas une minorité de blocage ;
- encourager un débat constructif entre les convaincus et les indécis. Le manager est parfois moins bien placé que certains de ses collaborateurs pour convaincre les indécis.

9. Être convaincant

C'est la résultante d'un ensemble de facteurs :

- accompagner ses propos de gestes, s'impliquer physiquement dans la communication ;

Voir séquence 1 de ce chapitre : La communication non verbale du manager.

- parler de façon vivante ;

Voir séquence 2 de ce chapitre : La communication verbale du manager.

- structurer ses messages avec méthode ;

Voir séquence 3 de ce chapitre : La structuration du message du manager.

- écouter ses collaborateurs ;

Voir séquence 4 de ce chapitre : L'écoute du manager.

- jouer son rôle de manager : organiser, cadrer, favoriser les échanges, etc. ;
- avoir de la constance dans la durée : si le manager ne convainc pas la première fois, il peut convaincre la deuxième, voire la troisième fois.

Les questions à se poser

- Est-ce que je prépare suffisamment mes prises de parole ?
- Est-ce que je m'entraîne régulièrement à débattre et convaincre ?
- Est-ce que j'explicite les accords et désaccords ?
- Est-ce que j'encourage la métacommunication ?
- Est-ce que je lâche prise quand l'autre n'est pas convaincu ?
- Est-ce que j'encourage les débats entre les collaborateurs indécis et convaincus ?

- Est-ce que je fais preuve de constance et reviens suffisamment « à la charge » dans la durée ?

Pour conclure

Contrairement à certaines idées reçues, convaincre est moins une question de « charisme » ou de « bagou » que la résultante d'échanges avec ses collaborateurs. Ces échanges demandent de l'implication, du courage et de la méthode. Commencer par la méthode peut vous aider à avoir davantage confiance en vous. L'implication et le courage suivront d'eux-mêmes. Maintenant il vous reste à vous approprier les conseils de cette séquence, à les faire vôtres et à les adapter à vos différentes occasions de communiquer.

Annexe 1	Fiche outil	La pyramide des besoins de Maslow
Annexe 2	Fiche outil	Les actions à mener pour motiver son équipe
Annexe 3	Fiche outil	Fixer un objectif SMART
Annexe 4	Fiche outil	Animer un brainstorming
Annexe 5	Fiche outil	Fiche de relevé de décision
Annexe 6	Fiche outil	Check-List de préparation d'une réunion
Annexe 7	Fiche outil	Les lois qui régissent notre temps
Annexe 8	Fiche outil	La charte des temps partagés
Annexe 9	Fiche outil	La fiche d'analyse des temps
Annexe 10	Fiche outil	Le plan de journée
Annexe 11	Fiche outil	Le SWOT
Annexe 12	Fiche outil	Le rapport au temps de l'équipe
Annexe 13	Fiche outil	Différentes formes d'argumentation
Annexe 14	Fiche outil	Quelques techniques pour traiter les objections
Annexe 15	Fiche outil	Structurer un argument
Annexe 16	Fiche outil	Préparer votre entretien de recrutement
Annexe 17	Fiche outil	Préparer votre entretien d'évaluation
Annexe 18	Fiche outil	Préparer votre entretien de délégation
Annexe 19	Fiche outil	Préparer votre entretien de remotivation
Annexe 20	Fiche outil	Préparer votre entretien de félicitation
Annexe 21	Fiche outil	Préparer votre entretien de recadrage
Annexe 22	Fiche outil	Fiche de délégation

La pyramide des besoins de Maslow

La pyramide des besoins est une théorie élaborée à partir des observations sur la motivation réalisées dans les années 1940 par le psychologue Abraham Maslow. L'article où Maslow expose sa théorie de la motivation, « *A Theory of Human Motivation* », est paru en 1943.

Si les théories de Maslow peuvent être partiellement contestables, la pyramide intéresse les managers dans la mesure où elle donne des repères sur la motivation.

La pyramide de Maslow

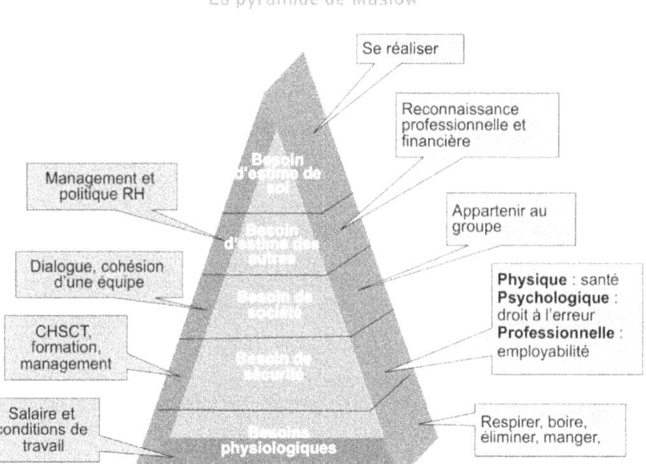

ANNEXE 2

Les actions à mener pour motiver son équipe

Conditions de la motivation	Quelques exemples d'actions managériales pour créer les conditions de la motivation collective
1. Plaisir de travailler	- Être dans de bonnes conditions de travail. - Travailler dans la bonne humeur. - Valoriser les résultats d'équipe.
2. Esprit de défi	- Créer des challenges internes.
3. Faire en sorte que ce soit une équipe qui gagne	- Lui donner des challenges internes. - Donner les méthodes et les moyens. - Soutenir l'action de l'équipe et de chacun des individus.
4. Volonté de progresser	- Évaluer le degré de maturité professionnelle de l'équipe et de chaque collaborateur. - Valoriser les points forts et travailler les points limitants. - Donner du sens à la formation. - Former. - Valoriser l'effort. - Accorder le droit à l'erreur.
5. Consolider les liens entre les salariés	- Lier les individus en les faisant travailler en binôme pour développer leurs compétences. - Fêter les anniversaires. - Faire des réunions et des pots communs. - Féliciter le groupe.
6. Capacité à surmonter l'échec	- Écouter pour connaître l'obstacle afin de mieux le contourner. - Reconnaître ses erreurs, chercher le point positif de l'échec. - Rester positif. - Proposer ou faire émerger des solutions.
7. Objectifs adaptés et évolutifs	- Évaluer chacun des collaborateurs. - Définir des objectifs collectifs et individuels adaptés aux capacités de chacun.
8. Appartenance à un groupe	- Donner la parole à chacun. - Chaque collaborateur doit être reconnu pour sa contribution. - Qu'il soit identifié et mobilisé sur ses talents personnels. - Ne pas valoriser un talent plus qu'un autre.
9. Image de soi positive	- Être de bonne humeur. - Laisser les préoccupations personnelles à la porte de l'entreprise. - Avoir une hygiène de vie permettant d'être physiquement au point pour travailler sans être dans une énergie négative. - Veiller à avoir une tenue vestimentaire impeccable et soignée.
10. Règlement intérieur	- Construire avec l'équipe les règles de vie collective. - Veiller au respect des règles. - Les faire évoluer en fonction des besoins de l'équipe.

ANNEXE 3

Fixer un objectif SMART

Fiche outil

Un objectif bien formulé commence par un verbe d'action à l'infinitif et est « SMART »:

Spécifique

- L'objectif a-t-il un objet précis et concret ?
- Est-il un objectif de progrès ?

Mesurable

- Le résultat est-il facilement observable ou mesurable ?
- Les indicateurs de réalisation sont-ils aisément quantifiables et qualifiables ?
- Le résultat fait-il l'objet de points de contrôle périodiques (semaine, mois, etc.) ?
- Fait-il l'objet d'une évaluation lors de l'entretien annuel ?

Ambitieux

- Est-il citron (stressant) ou matelas (facile à obtenir) ?
- L'objectif est-il stimulant car exigeant sans être inaccessible ?

Réalisable

- Est-il sous le contrôle de l'individu ?
- Les moyens sont-ils mis à disposition du collaborateur ?
- L'objectif est-il fixé au regard des contraintes, du pouvoir faire, du vouloir faire et du savoir-faire du collaborateur ?

Temporaire

- La durée est-elle supérieure à un an ?
- L'objectif est-il reconductible année après année ?

Animer un brainstorming[1]

Fiche outil

Agiter les idées d'un groupe ne s'improvise pas. Comment faire pour doper l'imagination, la propulser hors des sentiers battus et en « centrifuger » toute la quintessence ? Voici les points clés évoqués par Osborn[1] :

- Suivre la règle absolue : critique interdite.
- Encourager un état d'esprit :
  - → curieux ;
  - → candide ;
  - → ouvert ;
  - → sans limites ni réserves ;
  - → sans *a priori*, préjugés, cages mentales ;
  - → hétérogène, polymorphe, émotionnel ;
  - → imaginatif, créatif, original.
- Choisir un lieu inattendu ou informel.
- Remuer ses méninges autour d'une cible précise :
  - → débrider, libérer sa pensée, parler sans retenue, délier sa langue ;
  - → privilégier et stimuler l'abondance de paroles ;
  - → rebondir sur les idées des autres ;
  - → marier, comparer, agiter, associer, combiner les idées, les images (analogies, métaphores, contraires) ;
  - → décaler, décomposer, détricoter, déstructurer, fragmenter, contrarier ;
  - → digresser, gamberger, se dérouter, s'égarer (de l'absurde au paradoxe en passant par l'ambivalence) ;
  - → choquer, transgresser, usurper.
- Exploiter les idées rassemblées :
  - → trier, classer, synthétiser.

1. Brainstorming = « mise en tempête du cerveau ». Concept élaboré par Alex Osborn dans les années 1940 : « Réunion créative d'attaque en équipe d'un problème. »

ANNEXE 5

Fiche de relevé de décision

Fiche outil

Cette fiche permet de centraliser les décisions majeures générées par les échanges et de visualiser les acteurs engagés dans les actions à mettre en œuvre.

Objet de la réunion du [date] :	Réunion d'information ☐	Réunion de prise de décision ☐	Réunion de créativité ☐		Réunion de consultation ☐
Participants			Animateur :		
			Gardien du temps :		
			Rédacteur :		
Excusés			Rapporteur final :		
Début : Fin :	Ordre du jour	Temps passé par séquence	Thèmes	Intervenants	Actions Décisions
Point n° 1 Point n° 2 Point n° 3 Point n° 4 Point n° 5					
Synthèse problématique	Objectif général				
	Objectif opérationnel				
Propositions, pistes de travail					

Relevé de décisions à l'issue de la réunion : date et n° ordre de la réunion						
État des lieux						
Problèmes	Actions prioritaires	Pilote	Partenaires engagés	Échéancier	Documents remis	Commentaires de clarification
Prochaine réunion						
Personnes à convier						

Check-list de préparation d'une réunion

Fiche outil

La salle

- ❐ Réservation de la salle
- ❐ Capacité (m^2)
- ❐ Configuration (cercle, V, U, rangées, table ronde ou carrée)
- ❐ Éclairage (rideaux occultants)
- ❐ Climatisation
- ❐ Environnement (téléphone, photocopieur, prises Internet, Wifi)
- ❐ Signalétique et plan d'accès

Le matériel et le mobilier

- ❐ Estrade
- ❐ Portemanteaux
- ❐ Tables + chaises
- ❐ Pupitre
- ❐ Paperboard + rouleaux de réserve
- ❐ Tableau blanc
- ❐ Feutres de plusieurs couleurs (opérationnels), marqueurs
- ❐ Scotch, Patafix, ciseaux, Post-it
- ❐ Chevalets et/ou badges nominatifs
- ❐ Blocs de papier + stylos-billes ou crayons à papier
- ❐ Rétroprojecteur (lampe de rechange)
- ❐ PC portable (câbles de connexion)
- ❐ Vidéoprojecteur
- ❐ Écran mobile
- ❐ TV
- ❐ Micro et micros-cravates
- ❐ Test de fonctionnement des différents appareils électriques

La documentation

- ❒ Fiches préparatoires et fiches techniques
- ❒ Dossier technique animateur
- ❒ Compte rendu de la réunion précédente
- ❒ Ordre du jour
- ❒ Fiche d'action
- ❒ Procès-verbaux et rapports
- ❒ Feuille de présence et liste des participants
- ❒ Transparents
- ❒ Diapositives
- ❒ Enregistrements audio
- ❒ Films
- ❒ Clé USB
- ❒ Notice de fonctionnement des différents appareils
- ❒ Listing des prestataires (reprographie, coursiers, taxis...)

Les prestations annexes

- ❒ Collation (petit déjeuner, goûter, eau minérale)
- ❒ Déjeuner
- ❒ Fleurs
- ❒ Taxis

ANNEXE

7 Les lois qui régissent notre temps

Identifier et mettre une croix dans la cellule qui correspond à vos dérives les plus fréquentes. Repérer ensuite les lois de gestion du temps qui s'y rapportent et les solutions à mettre en place.

Choix	Dérives	Loi	Contenu	Solutions associées
	« Je consacre le même temps à chacune de mes activités. »	**Pareto**	« L'essentiel prend 20 % du temps et de l'espace, l'accessoire en prend 80 %. »	**Identifier les activités à forte valeur ajoutée. Privilégier le cœur de son métier.**
	« Mon bureau ressemble plus à une aire de stockage qu'à une aire de travail. »	**Douglas**	« Plus j'ai de place pour ranger plus je prends de place. »	**Pratiquer, les 5S[1] et le classement vertical.**
	« Je passe mon temps à me justifier sur les délais que je n'arrive pas à tenir. »	**Murphy**	« Rien n'est aussi simple qu'on ne l'a imaginé, chaque chose prend plus de temps que prévu. »	**Se donner des temps de soupape : 20 % pour les imprévus.**
	« J'ai tendance à utiliser tout le temps dont je dispose. »	**Parkinson**	« Plus j'ai de temps pour faire quelque chose, plus je mets de temps pour le faire. »	**Décider de borner son temps et celui de ses interlocuteurs (dates et heures butoirs).**
	« Je me laisse souvent déranger, et j'ai du mal à me concentrer sur mes dossiers. »	**Carlson**	« Faire un travail en continu prend moins de temps qu'en plusieurs fois. »	**Pratiquer la politique de la porte fermée et prendre des rdv avec soi.**
	« Je travaille beaucoup et parfois je suis en apnée, ou somnolent(e) sur mon PC, ou en réunion. »	**Illich**	« Au-delà d'un certain seuil de travail horaire le temps passé n'est plus efficace. »	**S'imposer des temps de pause ou de récupération (quelques minutes toutes les 90 min).**

1. Méthode japonaise qui repose sur cinq principes simples : Seiri (débarrasser), Seiton (ranger), Seiso (nettoyer), Seiketsu (standardiser), Shitsuke (suivre).

Choix	Dérives	Loi	Contenu	Solutions associées
	« J'ai tendance à procrastiner* car je pense qu'avec le temps tout s'arrange. » ** Remettre à plus tard*	**L'Écclésiaste**	« Il y a un moment pour tout et un temps pour chaque chose. »	**Positionner la bonne action au bon moment en anticipant.**
	« Quand je fais quelque chose qui me plaît, je ne vois pas le temps passer. »	**Fraisse**	« Plus une activité est intéressante plus elle paraît brève. »	**S'attribuer un budget temps.**
	« Je commence toujours par traiter les dossiers les plus faciles. »	**Laborit**	« Chaque individu a une inclinaison naturelle à d'abord faire les choses qui lui font plaisir. »	**Se faire violence et ne pas suivre ses penchants naturels ; l'action balaye le stress.**

Fiche outil

ANNEXE

La charte des temps partagés

Rythmer l'agenda de l'équipe en programmant les rencontres

Fiche outil

Temps partagés	Durée	Périodicité	Dates fixes
Point individuel	15 minutes à 1 heure	Hebdomadaire	
Réunion d'équipe	2 heures	Bimensuelle	
Réunion d'information	1/2 heure	*Ad hoc*	
Réunion d'unité	1/2 journée	Trimestrielle	Janvier Avril Septembre Décembre
Réunion annuelle de l'entreprise ou du groupe	1 à 2 journées	Annuelle	Février Septembre
Réunion de créativité	1 journée	Annuelle	Mai
Rdv fédérateurs*	1 à 2 heures	Trimestriels	

* À l'initiative du manager et/ou de l'équipe : mini-événements conviviaux (déjeuners, galette des rois, pots d'anniversaire, réussite...).

ANNEXE 9

La fiche d'analyse des temps

Pour devenir un stratège du temps, remplissez cette fiche dès que vous entamez une action. Faites ce pointage pendant vingt jours, pour établir un bilan de vos zones de gaspillage et d'inefficacité...

Jour Heure	
Activité lancée	
Durée estimée	
Durée réelle	
Écarts	
%	
Interruptions	
Imprévus	
Observations	
Objectif visé	

Fiche outil

Le plan de journée

Fiche outil

Ce plan journalier ou ce planning d'activités quotidiennes est l'occasion de centraliser l'ensemble des actions à effectuer à une date donnée. Ceci est une proposition mais vous pouvez laisser libre cours à votre imagination !

Date	
Priorités	Objectifs
Important et urgent	
Non important et urgent	
Important et non urgent	
Non important et non urgent	

Horaires	Activités	Séquences	Fait	Reports	Observations
Déjeuner					

ANNEXE

Le SWOT[1]

Le SWOT est un concept développé par H.I. Ansoll.

Mise en œuvre, contrôle et pilotage d'un plan d'actions

Les forces de mon équipe Quels sont les points forts qui permettront à l'équipe d'atteindre ses objectifs ?	**Les faiblesses de mon équipe** Quels sont les points sur lesquels l'équipe doit progresser pour atteindre ses objectifs ?
Les opportunités Internes ou externes, quels sont les éléments sur lesquels l'équipe peut s'appuyer ?	**Les menaces/Les contraintes** Internes ou externes, quels sont les éléments avec lesquels l'équipe devra composer ?

Fiche outil

1. SWOT : outil d'aide à la décision, de l'anglais *Strengths, Weaknesses, Opportunities, Threats*, ce qui signifie en français « forces, faiblesses, opportunités, menaces ».

ANNEXE

12 Le rapport au temps de l'équipe

Fiche outil

Quelles sont les injonctions qui nous gouvernent ?

Nous devons à l'analyse transactionnelle l'approche de la relation au temps, liée aux injonctions, c'est-à-dire ces messages qui nous conditionnent et que nous n'arrivons pas à effacer de notre disque dur (formaté dans l'enfance par les programmes parentaux).

À vous d'identifier le programme qui conditionne chaque membre de votre équipe en observant concrètement les faits et les comportements.

Contributeurs	Injonctions croyances associées	Croyance associée	Points forts	Limites	Observations	Décisions
	« Sois rapide. »	On ne fait bien que dans l'urgence.	– Rapide. – Efficace. – Repartie face à l'imprévu.	– Activisme. – Dispersion. – Travail parfois bâclé.	Polychrone.	
	« Fais plaisir. »	On ne se fait aimer qu'en faisant plaisir.	– Adaptable. – Flexible. – Serviable.	– Ne sait pas dire non. – Veut plaire. – Manipulable.	– Facilite la vie de l'équipe. – Attention aux situations conflictuelles.	
	« Sois fort. »	On doit se débrouiller seul.	– Discipliné. – Tenace. – Résistant. – Autonome.	– Solitaire. – Secret. – Ne délègue pas.	Tient la distance sur un projet de longue haleine.	
	« Sois parfait. »	On n'existe vraiment que dans la perfection.	– Exigent. – Rigoureux. – Prudent.	– Difficulté à décider. – Moraliste. – Manque de confiance en soi.	– Excellent dans le contrôle et l'analyse. – Ne pas le solliciter sur tâches urgentes.	
	« Fais effort. »	On doit « en baver » pour y arriver.	– Volontaire. – Travailleur. – Courageux.	– S'épuise à la tâche. – S'accorde peu de repos.	L'amener vers l'efficience et la simplification des tâches.	

Différentes formes d'argumentation

Fiche outil

- Argumentation ***a priori***: quand l'interlocuteur est **acquis à votre cause**.

  « Voilà ce que je vous propose et les avantages que vous en tirerez, compte tenu de votre situation... »

- Argumentation ***a posteriori*** et **par déduction**: quand il faut **convaincre**.

  « Voici la situation que vous m'avez exposée..., en regard de cela, voilà ce que je vous propose et les avantages que vous en tirerez... »

  « Si nous sommes d'accord pour dire que..., si nous prenons en compte le fait de... et si nous rajoutons cet élément..., alors la meilleure solution est... »

- Argumentation ***a contrario***: quand vous voulez **prendre à contre-pied** la position de votre interlocuteur.

  « On peut effectivement penser que... Si l'on regarde la situation sous un autre angle, la solution que je vous propose présente aussi des avantages non négligeables... »

Quelques techniques pour traiter les objections

Marquer le silence

→ Trois secondes maximum !!!

Questionner

→ Comprendre ce qui ne va pas précisément.

Reformuler

→ Dire ce que l'on pense avoir compris.

Isoler

→ Pour s'assurer qu'il n'y a pas d'autres objections.

Impliquer

→ Si j'apporte la réponse à son objection, sera-t-il satisfait ou convaincu ?

Argumenter

→ Sur ce qui est à l'origine de l'objection.

Valider

→ La compréhension de votre point de vue et la satisfaction de l'autre partie.

Structurer un argument

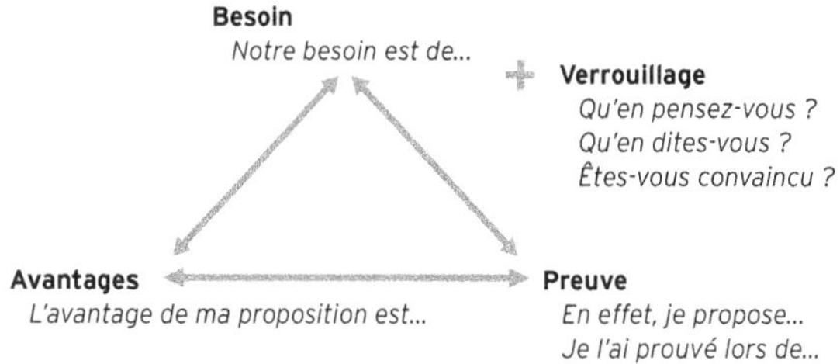

Fiche outil

Préparer votre entretien de recrutement

Fiche outil

Avant chaque entretien de management, quel que soit son type, le manager doit attacher une attention toute particulière à sa préparation, gage de réussite de l'atteinte de l'objectif de l'entretien.

Quelques points essentiels :

- Tout d'abord étudier préalablement le CV du candidat en lien avec la définition du poste et du profil.
- Lister l'ensemble des questions relatives aux zones d'ombre, aux incohérences du parcours décrit dans le CV. Ces différentes questions ne doivent pas être posées à la suite l'une de l'autre. Prévoir à quel moment au cours de l'entretien elles seront distillées.
- Regrouper par thème l'ensemble des questions à poser lors de l'entretien soit, par exemple, les thèmes suivants :
  - → les questions relatives à la motivation du candidat ;
  - → les questions relatives à la dimension technique du poste ;
  - → les questions relatives à la dimension humaine du poste ;
  - → les questions relatives au contrat de travail.
- Définir le déroulement de la suite de ce recrutement (étapes, personnes à rencontrer, planning de décision...).
- Définir préalablement les éléments de rémunération, et surtout ce qui est négociable.
- Clarifier les perspectives d'évolution du poste au sein de la structure.
- Déterminer le ou les critères du poste sur lesquels vous êtes prêt à renoncer.
- Sélectionner le ou les points forts de la candidature.

ANNEXE

Préparer votre entretien d'évaluation

Avant chaque entretien de management, quel que soit son type, le manager devra attacher une attention toute particulière à sa préparation, gage de réussite de l'atteinte de l'objectif de l'entretien.

Quelques points essentiels :

- Tout d'abord, sélectionner le point essentiel concernant le profil de votre collaborateur à valider au cours de l'entretien. C'est l'enjeu de votre évaluation.
- Recueillir l'ensemble des faits marquants de l'année qui viendront étayer votre argumentation. Vérifier que les exemples que vous prenez sont recevables par votre interlocuteur.
- Regrouper par thème l'ensemble des questions à poser lors de l'entretien soit, par exemple, les thèmes suivants :
  - → les questions relatives à l'année écoulée ;
  - → les questions relatives aux conditions de travail ;
  - → les questions relatives à l'évolution du poste ;
  - → les questions relatives aux compétences ;
  - → les questions relatives à la motivation ;
  - → les questions relatives à l'engagement.
- Avoir l'historique des formations suivies par votre collaborateur sur un minimum de trois années.
- Valider préalablement avec votre N + 1 et la DRH la faisabilité de toute proposition de formation que vous comptez proposer à votre collaborateur.
- Définir préalablement les éléments de rémunération, et surtout ce qui est négociable.
- Clarifier les perspectives d'évolution du poste au sein de l'entreprise.
- Déterminer le ou les points d'amélioration pour lesquels vous allez demander une implication particulière pour l'année à venir.
- Sélectionner le ou les points forts de votre collaborateur qui ont été retenus pour illustrer la performance de l'année écoulée.
- Valider préalablement avec votre N + 1 et la DRH toute proposition de repositionnement, d'évolution ou de mutation de votre collaborateur

Fiche outil

ANNEXE

18 Préparer votre entretien de délégation

Fiche outil

Avant chaque entretien de management, quel que soit son type, le manager doit attacher une attention toute particulière à sa préparation, gage de réussite de l'atteinte de l'objectif de l'entretien.

Quelques points essentiels :

- Valider la cohérence de votre décision de proposer une mission par délégation, au regard :
  - → du profil de votre collaborateur ;
  - → de l'évolution de son poste.
- Sur la fiche de délégation, remplir préalablement les éléments du contrat de délégation.
- Définir le déroulement du contrat de délégation (étapes, modalités de contrôle, planning).
- Clarifier, s'il y a lieu, les perspectives d'évolution en cas de réussite sur la mission.
- Sélectionner le ou les points forts du collaborateur qui ont été retenus pour cette délégation.

Voir annexe 22 : Fiche outil – Fiche de délégation

- Noter, selon vous, les enjeux de cette délégation pour pouvoir les annoncer à votre collaborateur.
- Déterminer les modalités de contrôle de la mission de délégation.
- Bien se remémorer la trame de ce type d'entretien, à savoir :
  - → recevoir positivement ;
  - → rappeler les points forts du collaborateur ;
  - → annoncer la décision et les enjeux de la mission ;
  - → permettre à l'interlocuteur de s'exprimer ;
  - → silence, écoute, reformulations ;
  - → expliquer la décision et les modalités du contrat ;
  - → valoriser et orienter vers le futur.

ANNEXE

Préparer votre entretien de remotivation

Fiche outil

Avant chaque entretien de management, quel que soit son type, le manager doit attacher une attention toute particulière à sa préparation, gage de réussite de l'atteinte de l'objectif de l'entretien.

Quelques points essentiels :

- Tout d'abord, s'assurer du bon sujet de management. Valider qu'il s'agit bien d'un problème de motivation et non pas d'un problème de compétences ou de confiance en soi.
- Recenser l'ensemble des faits marquants relatifs à la problématique exposée ainsi que les arguments qui viendront étayer votre position. Avoir des exemples recevables par votre collaborateur.
- Sélectionner le ou les points forts de votre collaborateur sur lesquels vous allez vous appuyer pour le remotiver.
- Comment contrôler la mise en œuvre de ce qui aura été convenu lors de cet entretien ?
- Bien se remémorer la trame de ce type d'entretien, à savoir :
  - → recevoir positivement ;
  - → exposer la situation, le problème ;
  - → annoncer la décision ;
  - → permettre à l'interlocuteur de s'exprimer ;
  - → silence, écoute, reformulations ;
  - → expliquer la décision ;
  - → remotiver ;
  - → valoriser et orienter vers le futur.

ANNEXE

20 Préparer votre entretien de félicitation

Fiche outil

Avant chaque entretien de management, quel que soit son type, le manager doit attacher une attention toute particulière à sa préparation, gage de réussite de l'atteinte de l'objectif de l'entretien.

Quelques points essentiels :

- Tout d'abord, mener une réflexion préalable sur l'objectif de cet entretien. Définir le message que vous souhaitez faire passer au travers de cette décision de féliciter de façon formalisée.
- Identifier les points forts que le collaborateur a mis en action pour réussir.
- Analyser et faire ressortir les compétences nouvellement acquises à exposer lors de l'entretien.
- Mettre en lumière le mode d'apprentissage utilisé par votre collaborateur dans l'atteinte de ses objectifs.
- Analyser en quoi votre style de management et/ou votre style de communication ont pu contribuer à la réussite de votre collaborateur. Vous pourrez être amené à l'évoquer pendant l'entretien, notamment si votre collaborateur aborde le sujet de votre rôle de soutien et d'accompagnement en tant que manager.
- Identifier préalablement si le comportement global de l'équipe a constitué un frein ou bien un accélérateur dans la réussite de votre collaborateur.
- Définir préalablement les éléments de reconnaissance que vous serez en mesure de lui offrir. C'est un point important de votre crédibilité de manager, d'autant que votre organisation ne vous donnera pas forcément tout ce que vous escomptez pour votre collaborateur.
- Clarifier les perspectives d'évolution du collaborateur dans l'organisation. Vous serez certainement amené par le collaborateur à l'évoquer. Préparer une réponse en cohérence avec l'organisation.

ANNEXE 21

Préparer votre entretien de recadrage

Fiche outil

Avant chaque entretien de management, quel que soit son type, le manager doit attacher une attention toute particulière à sa préparation, gage de réussite de l'atteinte de l'objectif de l'entretien.

Quelques points essentiels :

- Tout d'abord, mener une réflexion préalable pour s'assurer de la légitimité de votre recadrage (rappel : le manager est cohérent, objectif et équitable).
- Lister l'ensemble des éléments factuels qui vont étayer votre argumentation.
- Sélectionner dans l'environnement de travail de votre collaborateur des exemples concrets recevables par lui afin d'accompagner votre démonstration.
- Déterminer le ou les aspects du recadrage sur lesquels vous êtes prêt à renoncer en cas de difficile remise en cause de votre interlocuteur. Autrement se focaliser sur l'essentiel.
- Se préparer à accepter un feed-back de management. En effet, rares sont les situations de recadrage où la qualité du management n'est pas du tout en cause. Vous devez pouvoir y réfléchir afin de faire preuve d'assertivité pendant l'entretien. Votre collaborateur saura apprécier votre capacité de remise en cause. Analyser donc en quoi votre management a pu malheureusement amplifier des points faibles de votre collaborateur.
- Bien se remémorer la trame de ce type d'entretien, à savoir :
  - → recevoir positivement ;
  - → exposer la situation, le problème sans détours ;
  - → permettre à l'interlocuteur de s'exprimer ;
  - → annoncer la décision ;
  - → silence, écoute, reformulations ;
  - → expliquer la décision ;
  - → remotiver ;
  - → formaliser l'engagement demandé ;
  - → valoriser et orienter vers le futur.

ANNEXE
22

Fiche de délégation

Fiche outil

Nom du responsable de la mission :	**Nom de votre collaborateur :**
Mission déléguée :	
Du :	**Au :**

Actions à mettre en œuvre	Dates de réalisation prévues	Résultats obtenus/ commentaires	Dates du prochain contrôle

ANNEXE 23

Grille d'observation d'un entretien

Fiche outil

Pendant l'entretien

- Repérer les bonnes pratiques du collaborateur.
- Analyser le fond de l'entretien et le « savoir être ».
- Noter ces observations sur la fiche de debriefing.

Étapes	Points positifs	Points de réglage	Commentaires
Ancrage (à trouver)			
Découverte Amener l'autre à une prise de conscience			
Identification			
Démonstration des conséquences			
Conviction argumentation			
Plan d'actions			
Impression générale			
Axes d'amélioration			

Identifier les modes d'apprentissage de chaque collaborateur

Fiche outil

D'après ce que vous avez observé en tant que manager, notez pour les douze affirmations suivantes la réponse qui vous semble correspondre à votre collaborateur.

1. Lorsqu'il apprend…	Il aime sentir.	Il aime écouter et observer.	Il aime réfléchir.	Il aime faire des choses.
2. Il apprend mieux lorsque…	Il avance intuitivement.	Il est au calme pour observer et écouter.	Il comprend la logique.	Il ne ménage pas ses efforts.
3. Pendant qu'il apprend…	Il réagit fortement.	Il est sur la réserve.	Il raisonne.	Il prend des initiatives.
4. Il apprend en…	Ressentant.	Regardant.	Réfléchissant.	Agissant.
5. Lorsqu'il apprend…	Il est curieux de la nouveauté.	Il envisage toutes les possibilités.	Il va dans le détail.	Il essaye par lui-même.
6. Il apprend mieux par…	Les relations personnelles.	L'observation.	Les théories rationnelles.	L'occasion d'essayer et de pratiquer.
7. Pendant qu'il apprend…	Il est intuitif.	Il observe.	Il est logique.	Il est actif.
8. Lorsqu'il apprend…	Il est motivé.	Il réfléchit avant de faire.	Il a besoin de se référer à des concepts.	Il aime voir les applications pratiques.
9. Il apprend mieux lorsque…	Il se fie à son intuition.	Il se fie à ses observations.	Il se fie à ses idées.	Il peut essayer des choses par lui-même.
10. Pendant qu'il apprend…	Il est ouvert.	Il ne s'exprime pas.	Il raisonne.	Il est conscient de l'enjeu.
11. Lorsqu'il apprend…	Il s'implique.	Il aime observer.	Il évalue les choses.	Il aime être actif.
12. Il apprend mieux lorsque…	Il est attentif.	Il avance progressivement.	Il analyse des idées.	Il met en pratique.
Total				
	EC	OR	CA	EA

Les 4 modes d'apprentissage

Expérience concrète (EC)

L'apprenant doit rapidement pouvoir faire le lien avec son quotidien. Il se base essentiellement sur son ressenti davantage que sur une analyse systématique de la situation. Dans l'apprentissage, l'apprenant fait preuve d'ouverture d'esprit et s'adapte au changement. Il apprend vraiment efficacement quand il « ressent ».

Fiche outil

Observation réfléchie (OR)

L'apprenant envisage la situation ou les idées à appréhender sous différents aspects. Dans l'apprentissage, l'apprenant se concentre, s'appuie sur son objectivité et avance pas à pas. Il n'agit que dans un deuxième temps. Il écoute et observe pour se construire sa propre opinion.

Conceptualisation abstraite (CA)

Pour comprendre un problème, ce mode d'apprentissage est basé sur une approche logique et conceptuelle. L'apprenant utilise des théories et des concepts pour résoudre un problème. Il apprend en réfléchissant et en pensant.

Expérimentation active (EA)

Ce mode d'apprentissage est lié au « faire ». Très rapidement, l'apprenant se lance pour savoir si ça marche, comment ça fonctionne. Il apprend dans l'action en expérimentant par lui-même. C'est très important pour lui de pouvoir constater les résultats qu'il obtient.

ANNEXE

25 Le DESC

Cette méthode en quatre phases permet de faire passer un message difficile à quelqu'un sans que l'autre se ferme ou s'oppose au début de l'échange.

Elle est issue des travaux de Gordon H. et Sharon A. Bower.

Fiche outil

D pour Décrire la situation

Il s'agit d'aborder la personne à partir de faits ou de constats précis. Énumérer ce qui peut être observé de manière objective. Éviter d'y mêler vos sentiments, de la critique. Faire un constat et non des reproches. Ainsi l'autre ne se sent pas accusé et est plus disposé à vous écouter.

E pour Exprimer votre ressenti

Il s'agit de décrire ce que vous ressentez en constatant ces faits. Éviter le « vous » accusateur. Utiliser le « je ».

Vous parlez de vous. Cela ne peut être contredit puisque c'est votre ressenti. Vous parlez de ce que vous ressentez et non de ce que l'autre a fait. Il est important d'exprimer son sentiment pour gérer sa frustration et pour renforcer l'impact sur l'autre.

S pour Suggérer des solutions

Il s'agit de trouver ensemble une solution, de rechercher quel autre comportement la personne (ou vous-même) peut adopter pour résoudre le problème. Vous ne l'imposez pas : proposer une solution permet d'engager le dialogue.

C pour Conclure sur les conséquences

Vous mettez en avant les conséquences positives de cette solution pour vous et pour votre interlocuteur si vous adoptez les solutions préconisées. Si vous ne trouvez pas une conséquence positive pour l'autre, vous devez revoir votre solution.

ANNEXE 26

Le contenu du cahier des charges

Fiche outil

Exemple de plan

LE CONTEXTE

Une brève description de l'environnement dans lequel s'inscrit le projet (stratégie, enjeux, domaine, etc.).

L'HISTORIQUE

(Si cela est pertinent.)

LES OBJECTIFS, BESOINS CLAIRS ET LIVRABLES DÉFINIS

- Définir les résultats que le projet doit atteindre.
- Repérer les destinataires des livrables (utilisateurs, clients, marché...).

LE PRODUIT DU PROJET

Proposer une description générale de ce produit.

LES FONCTIONS DU PRODUIT

Lister et justifier les principales fonctionnalités du produit :

- les contraintes de coûts (spécifier le budget alloué au projet) ;
- les contraintes de délais (spécifier la date de livraison du produit et les éventuelles échéances intermédiaires) ;
- les autres contraintes (spécifier les éventuelles autres contraintes à prendre en compte dans le cadre du projet – normes techniques, clauses juridiques, etc.).

L'ORGANISATION DU PROJET (ÉQUIPE PROJET...)

Les membres de l'équipe projet ou leur service.

LE PLANNING DU PROJET

Représenter l'articulation des grandes phases du projet et des principaux jalons.

UNE ÉVALUATION BUDGÉTAIRE (BUDGET, COÛTS RISQUES ET ALÉAS)

Estimation des coûts.

L'ANALYSE DES RISQUES

ANNEXE

27 Organigramme des tâches

L'organigramme des tâches donne lieu à l'élaboration des fiches de tâches qui ont pour mission de contractualiser les actions à entreprendre par les responsables de tâches.

C'est un découpage du projet en termes d'actions:

PROJET

- Un seul début et une seule fin.
- Début et fin identifiés en tant qu'événements (décision...).

SOUS-PROJET

- Projet intégré dans le projet principal.
- Lié à un objet ou un livrable partiel du projet.

PHASE (ÉTAPE)

- Ensemble des actions qui composent le sous-projet.
- Liée à un type de compétences et à un degré dans la progression du projet.

TÂCHE

- Maillon le plus fin de la planification.
- Action exécutable par une seule ressource ou un ensemble de ressources.

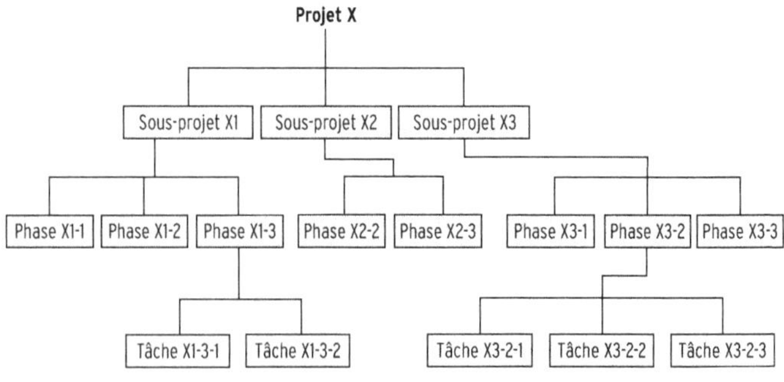

Fiche outil

Fiche de tâche

Fiche outil

Nom du projet :	Date :
Chef de projet :	
Descriptif et objectifs du projet :	
Tâche :	Responsable de la tâche :
Description de la tâche :	
Entrées nécessaires (livrables, documents, matériels...) :	
Date de début : Date de fin :	Nombre de jours prévus :
Événements clés de la réalisation :	
Commentaires :	

Validation chef de projet	Validation contributeur	Validation hiérarchique

ANNEXE

29 Conduire l'entretien de contribution

Fiche outil

Exemple de trame d'entretien

1. ACCUEILLIR
- Poser un cadre convivial.
- Se présenter/Faire se présenter.

2. MOBILISER SUR LE PROJET
- Présenter les enjeux du projet, puis les objectifs.
- Interroger le contributeur sur ce qu'il en pense.
- Échanger.

3. PRÉSENTER LA MISSION ET Y FAIRE ADHÉRER
- Les résultats attendus du travail.
- Le niveau de qualité.
- L'intérêt et l'importance de la mission.

4. PRÉSENTER L'ÉQUIPE
- Composition de l'équipe.
- Les autres acteurs.
- Demander s'il en connaît certains, s'il a déjà eu l'occasion de travailler avec.

5. IDENTIFIER LES ATTENTES DU CONTRIBUTEUR

6. CONCLURE
- Les prochaines étapes.
- Les actions à réaliser d'ici là.
- Une note positive sincère.

ANNEXE 30

Tableau d'analyse des risques

Risque	Gravité 1 à 5	Probabilité 1 à 5	Criticité = gravité x probabilité	Classement	Action préventive ou corrective	Responsable	Coût	Délai
Exemple : rupture d'approvisionnement des fournitures	4	3	12	*n*	Prévoir un fournisseur en back-up.	X	+ 5 %	Semaine 8

Fiche outil

ANNEXE

31 Exercice de respiration

Fiche outil

Nous recommandons cet exercice qui permet de développer sa capacité à mieux respirer « sans y penser » et dont les variantes permettent de se réveiller quand le manager souhaite se mobiliser ou, au contraire, de se calmer quand le manager est stressé :

- **1** Inspirer progressivement, sans à-coups, sur 4 temps, **2** bloquer sa respiration sur 4 temps – les poumons restant pleins, **3** expirer progressivement, sans à-coups, sur 4 temps, **4** bloquer sa respiration sur 4 temps – les poumons restant vides.

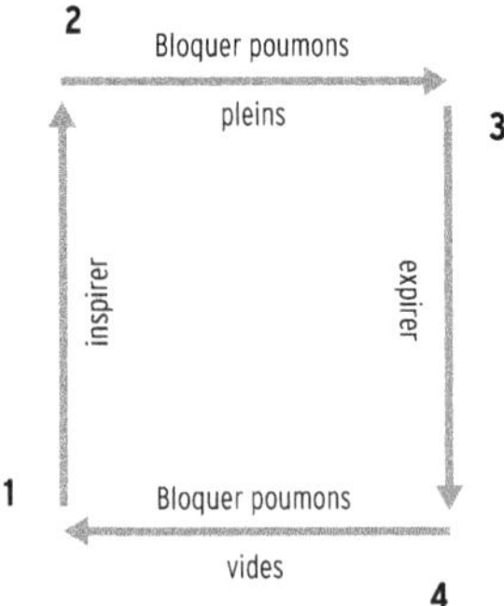

- Quand on souhaite se réveiller et augmenter le degré d'énergie disponible, sauter l'étape **4** :

1 + 2 + 3, deux à trois fois de suite = respiration énergisante.

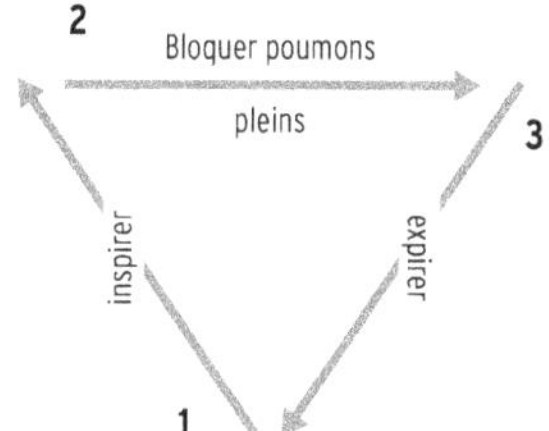

Fiche outil

- Quand on souhaite se relaxer, relâcher la pression, évacuer le stress, sauter l'étape **2** :

1 + 3 + 4, deux à trois fois de suite = respiration calmante.

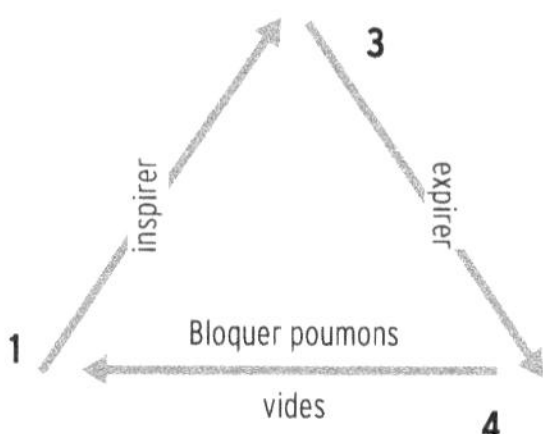

ANNEXE

32 Exercices d'articulation et de diction

Fiche outil

1. ENTRAÎNER LES LÈVRES À ALLER VERS L'AVANT

Musc – ruse – rustre – rude – ruche – fruste – juste – buste – plus – brute – brûle – brume – buffle – bûche – brusque – j'use – jusque – cruche.

2. ENTRAÎNER LES LÈVRES À ALLER VERS L'ARRIÈRE

Sieste – geste – gèle – j'erre – frère – fresque – elle – benne – herbe – bêche – tchèque – chèque – peste – presque – prêtre – perle.

3. ENTRAÎNER LES LÈVRES À ALLER D'AVANT EN ARRIÈRE

Biche – bridge – guigne – guide – grippe – grise – crispe – éclipse – liste – lettre – halte – talc – claque – alpes – palpe – clame.

4. S'ENTRAÎNER À DÉTACHER CHAQUE SYLLABE

Appliquer – répliquer – explication – obstruction – abstraction – auscultation – hémicycle – spoliation – extradition – extraction – attraction – surexposition – luxation – vexer – boxer – relaxer.

5. ÉVITER LES CHUINTEMENTS

« Je suis chez ce cher Serge, si sage et si chaste. Je suis chez... »

6. ÉVITER LES ZOZOTEMENTS

« Je veux et j'exige d'exquises excuses. Je veux et... »

7. ÉVITER LES SIFFLEMENTS

« Pour qui sont ces serpents qui sifflent sur nos têtes ? » Racine, *Andromaque*, Acte V, scène 5.

8. ÉVITER DE PARLER « DANS SA BARBE », PARLER LARGE

« Un ange qui songeait à changer son visage pour donner le change se vit si changé que, loin de louanger ce changement, il jugea que tous les autres anges jugeraient que jamais ange ainsi changé ne rechangerait jamais, et jamais plus ange ne songea à changer. »

9. ET LES ÉTERNELS...

« Panier, piano, panier, piano, panier, piano, panier, piano... »

« Trois petites truites cuites, trois petites huîtres crues. Trois petites... »

« Pruneaux cuits, pruneaux crus. Pruneaux... »

« Fruits cuits, fruits crus. Fruits... »

« Seize jacinthes sèches dans seize sachets sales. Seize... »

10. S'ENTRAÎNER À DIRE SA PHRASE JUSQU'AU BOUT

Inspirer, puis dire chacun des textes suivants d'une seule expiration en prenant soin de tout prononcer distinctement jusqu'au bout.

« Dis donc, ton thé t'a-t-il ôté ta toux, Didon de Dordogne ? »

« Papa boit dans les pins, papa peint dans les bois, dans les bois, papa boit et peint. »

« Ton gai petit poupon, papa tant adoré, ne t'a-t-il pas becqueté tous tes bons gâteaux. »

« Tu te tues et tu as tort quand tu peins ton décor pastel ou d'un tout autre ton pâle, car quel public boude des portants colorés ou éclatants ? »

POUR DAVANTAGE D'EXERCICES

Voir le site : http://fr.wikipedia.org/wiki/Virelangue

ANNEXE 33

Analyser les enjeux du changement pour les acteurs

Fiche outil

Acteurs	Impact du changement pour l'acteur	Motivations à changer/ principales résistances	Leurs enjeux		Type d'attitude probable	Influence +++ ++ +
			Gains	Pertes		

Quel est votre style de management ?

Pour chacun des huit cas présentés, vous devez choisir une ou deux réponses parmi les quatre proposées. Vous avez à chaque fois 5 points à répartir.
Exemple de répartition:
– Une seule réponse: 5 sur A et rien sur les autres.
– Deux réponses choisies: 4 sur B et 1 sur C ou 3 sur C et 2 sur D, etc.

Cas 1

Vous êtes responsable du département informatique et votre service est reconnu pour sa réactivité, indispensable à votre secteur d'activité. Le jeune informaticien titulaire d'un BTS que vous avez embauché depuis un mois a du mal à faire face aux multiples demandes de maintenance des services.

N°	Points	Réponses
A		Vous passez un long moment à parler avec lui des raisons de cette insuffisance de résultats. Vous cherchez ensemble à mieux comprendre pourquoi il ne parvient pas à faire face aux sollicitations.
B		Vous consacrez beaucoup de temps à lui expliquer les usages de l'entreprise, les personnalités de certains de ses interlocuteurs. Vous vérifiez qu'il comprend les exigences et les priorités de son travail. Vous établissez un plan d'action pour qu'il puisse faire face aux sollicitations.
C		Vous décidez de ne pas précipiter les choses. Il saura s'adapter. Vous demander aux « clients internes » d'être un peu patients.
D		Vous lui remettez un plan de charge par écrit que vous commentez. Vous lui demandez de s'y conformer au maximum.

Cas 2

Vous êtes responsable du pôle fabrication. Vous venez de passer deux heures en réunion avec le directeur de la production. Les décisions de la direction générale sont impératives: il faut réduire les coûts de 15 %, par tous les moyens.

C'est parti pour de nouveaux gains de productivité. Votre direction attend « du concret » d'ici à un mois. Les résultats obtenus jusqu'ici ont été très bons. Vous avez le sentiment que cela ne s'arrêtera jamais et vous savez que les gars « en ont marre » car les augmentations ne suivent pas. Et en plus, c'est à vous d'annoncer la bonne nouvelle à vos chefs d'équipe.

N°	Points	Réponses
A		Vous réunissez les chefs d'équipe afin de les informer de la situation et vous entamez une réflexion collective sur les actions envisageables, avant d'y réfléchir seul, à tête reposée.
B		Le soir, au calme, vous consolidez un plan qui devrait permettre d'atteindre l'objectif fixé. Vous le commentez en réunion et notez les questions pour y réfléchir.
C		Vous convoquez en réunion les chefs d'équipe et vous leur présentez votre plan d'actions dans ses grandes lignes, en précisant qu'il n'est pas figé et en insistant sur la situation économique de l'entreprise. Vous répondez alors aux questions et vous discutez leurs propositions. Vous tenez compte des différentes remarques faites lors de la présentation pour consolider le plan d'actions.
D		Vous rédigez une note précise sur la situation. Vous demandez également à chacun, à son niveau, d'instaurer un plan d'actions. Vous les verrez individuellement sur cette question afin qu'ils vous informent des solutions qu'ils auront mises en œuvre.

Cas 3

Vous dirigez, au sein d'une compagnie d'assurances, une petite agence. Votre équipe, impliquée, réalise de bons résultats.

Une nouvelle organisation informatique se met en place afin d'améliorer la qualité de service aux clients. Il s'agit d'intégrer un nouveau logiciel de gestion des comptes clients.

Vous avez déjà exposé ce projet. Il en ressort que cette idée est bien acceptée par l'ensemble des personnes concernées, bien que des zones d'ombre persistent au niveau des compétences à mettre en œuvre.

N°	Points	Réponses
A		Vous affinez le projet avec le service informatique de façon à faire un sans-faute au niveau de l'agence. Une formation est prévue pour l'ensemble du personnel.
B		Vous confiez à une équipe de volontaires le soin de mener avec le service informatique la définition des modes d'apprentissage, tout en restant disponible. Ce groupe de travail est en charge de définir les moyens utiles pour favoriser l'acquisition des compétences nécessaires à l'utilisation du nouveau logiciel.

N°	Points	Réponses
C		Vous obtenez de votre direction la possibilité d'animer un groupe de travail dans lequel sont délégués des informaticiens afin de choisir le système d'apprentissage le plus adapté aux spécificités de vos collaborateurs.
D		Vous invitez un collègue et des informaticiens à venir exposer la méthode d'apprentissage utilisée (CD-Rom) dans une autre agence et les bénéfices obtenus. À l'issue de cette rencontre, vous développez la façon dont les choses se dérouleront au sein de l'agence et vous engagez la discussion.

Cas 4

Test

Cette jeune opératrice de ligne travaille avec vous depuis deux ans. Elle est sérieuse, efficace, sait prendre des initiatives qui vous étonnent parfois.

Vous avez pu constater à plusieurs reprises qu'elle travaillait en bonne intelligence avec ses collègues et qu'elle était très appréciée pour ses compétences, sa disponibilité et son engagement dans les activités.

Elle vous a soumis une idée qui modifie « très sensiblement » l'organisation de la ligne d'assemblage et qui semble prometteuse. Cette modification nécessite l'arrêt complet de la chaîne durant six heures et la mobilisation des agents de maintenance et du bureau des méthodes. Vous décidez de l'accepter et de laisser votre collaboratrice aller plus en avant.

N°	Points	Réponses
A		En entretien, vous consacrez du temps à valider avec elle les méthodes à mettre en œuvre pour conduire ce projet. Vous organisez ensuite pour elle des rencontres régulières avec le service des méthodes. Vous vous réservez d'intervenir lors des phases les plus délicates.
B		Pour éviter toute dérive, vous avez réfléchi de votre côté à son idée et vous avez précisé par écrit comment vous vouliez qu'elle travaille, sachant que vous souhaitez minimiser les conséquences pour la production. Vous la rencontrez régulièrement pour faire le point.
C		Vous discutez du projet avec votre collaboratrice, puis vous lui demandez de vous exposer la manière dont elle compte s'y prendre afin de minimiser les conséquences pour la production. Vous négociez des aménagements qui vous paraissent nécessaires et vous prévoyez des moments de rencontre et d'échange pour faire le point
D		Vous laissez votre collaboratrice conduire le projet, en lui demandant de vous tenir informé rapidement du plan d'actions qu'elle souhaite mettre en œuvre.

Test

Cas 5

Vous venez d'être nommé responsable d'un groupe de travail composé de collègues provenant de différents services. La mission de ce groupe est de proposer à la direction du site des mesures pour renforcer la sécurité, la propreté et le rangement. Vous ne possédez pas d'autorité hiérarchique directe sur les participants.

Dès les premières réunions, vous avez animé le groupe de façon très participative et, pour autant, l'ordre du jour n'est pas respecté. Certains de vos collègues monopolisent la parole, d'autres se perdent dans des conversations sans rapport avec l'objet de la réunion ou en profitent pour traiter des affaires personnelles. Vous abordez aujourd'hui la troisième réunion.

N°	Points	Réponses
A		Dès le début de la réunion, vous interrogez les participants sur l'évolution de la situation afin de construire avec eux de nouvelles règles de fonctionnement collectif.
B		Vous commencez la séance en rappelant les objectifs du projet, l'engagement de la direction dans cette opération et les maigres résultats atteints. Vous poursuivez en expliquant (sans entrer dans les détails) comment il convient de travailler à partir de maintenant. Vous sollicitez les réactions des participants et vous répondez à leurs questions.
C		Vous annoncez la situation en posant clairement les objectifs du groupe et les règles de fonctionnement du collectif. Puis vous débutez la réunion conformément à l'ordre du jour en restant très attentif au respect des horaires et des thèmes de travail.
D		Mentionner ce problème serait lui donner trop d'importance, vous poursuivez la séance selon l'ordre du jour normal. Mais vous faites comprendre par votre attitude que vous attendez des résultats de la réunion de ce jour.

Cas 6

Ce cariste de 40 ans est arrivé dans votre équipe il y a trois mois, après dix-sept ans passés dans un autre établissement qui vient de fermer. Bien que très compétent et motivé dans son ancienne entreprise, il doit beaucoup apprendre, car votre organisation est différente de ce qu'il connaissait. Vous l'avez laissé jusqu'à présent s'organiser tout seul. Cependant, après un trimestre, l'adaptation à ses collègues de travail est insuffisante. Il effectue son travail en ayant peu d'initiatives et semble manquer de confiance en lui, mais vous êtes convaincu qu'il saura faire face.

N°	Points	Réponses
A		Vous lui confiez très vite des tâches difficiles qui lui permettent de révéler ses possibilités et de les faire connaître à ses collègues. Vous évitez d'être trop présent pour ne pas l'influencer.
B		Vous lui confiez progressivement des responsabilités et vous encouragez ses réussites. Vous consacrez du temps à lui expliquer les points clés de votre organisation. Vous n'hésitez pas à lui montrer personnellement ce qu'il faut faire.
C		Vous établissez spécialement pour lui un plan de travail au jour le jour, qui permette la prise de responsabilité croissante. Vous lui annoncez ce plan, qui prévoit de le faire tourner en binôme avec un homme de confiance.
D		Vous faites le point avec lui sur ses points forts et faibles, sur son expérience, vous l'interrogez sur les différences d'organisation qu'il constate et élaborez avec lui un plan de progrès sur plusieurs semaines. Vous lui demandez de se rapprocher d'un collègue expérimenté pour apprendre plus vite.

Test

Cas 7

Mlle A. est la meilleure commerciale de votre équipe. Ces excellents résultats au cours des derniers mois vous incitent à lui confier la supervision d'un groupe, avant de la nommer officiellement responsable de groupe.

Depuis quelques semaines, les tableaux de bord montrent cependant une baisse des ventes. C'est aussi le cas des autres groupes, mais d'une façon plus modérée. Par ailleurs, des rumeurs vous sont parvenues à propos de dissensions au sein de son équipe.

N°	Points	Réponses
A		Mlle A. a reçu le tableau comparatif des résultats des différents groupes, sur lequel se retrouve mentionnée clairement sa baisse de performances. Vous attendez qu'elle vous contacte pour vous expliquer ce qui se passe et vous indiquer les mesures qu'elle a prises pour redresser la situation.
B		Vous la convoquez et après lui avoir présenté ses résultats, comparés à ceux des autres, vous insistez sur le respect des quotas, la nécessité d'atteindre les objectifs, et l'engagement mutuel de l'ensemble des vendeurs. Vous lui présentez comment vous allez l'accompagner au cours des trois semaines suivantes et allez la former à la gestion d'un collectif.
C		Vous annoncez à Mlle A. que ses résultats sont inférieurs à vos attentes, et vous lui indiquez que vous venez spécialement la voir pour examiner la situation et mettre au point ensemble un plan d'actions.
D		Vous rencontrez Mlle A. pour lui annoncer personnellement la baisse de performances et situer ses résultats par rapport à ses collègues. Vous lui présentez sa nouvelle feuille de route et l'invitez à une série d'entretiens qui vont lui servir de « training managérial ».

Cas 8

Vous participez à un groupe de progrès qui se réunit une fois par mois depuis un an. Vous êtes un ami personnel de l'animateur de ce groupe.

Après une période de formation et d'apprentissage du travail en commun, ce groupe a obtenu assez vite de bons résultats. Ses membres ont intégré les méthodes et l'esprit de travail, et développé entre eux des relations très cordiales, parfois chaleureuses. La réputation du groupe à l'extérieur est excellente.

Au cours des deux dernières séances, vous avez cependant constaté un léger relâchement dans le travail et quelques difficultés relationnelles. Certaines plaisanteries sont apparues blessantes, et deux des membres du groupe sont en conflit pour une divergence de méthode.

Au cours d'une conversation, votre ami vous confesse ses incertitudes quant à la conduite de ce groupe.

Test

N°	Points	Réponses
A		Vous lui conseillez de ne pas intervenir dans l'immédiat. Depuis un an le groupe a connu d'autres crises et trouvera une solution pour venir à bout de celle-ci.
B		Vous lui conseillez d'imposer, dès l'ouverture de la réunion, des règles de vie collective de façon à faciliter les échanges.
C		Vous lui conseillez, dès l'ouverture de la réunion, de faire un état des lieux du fonctionnement du groupe, de rappeler les objectifs du collectif et d'imposer des règles de fonctionnement.
D		Vous lui conseillez de rappeler les résultats obtenus jusqu'ici et d'examiner avec les participants s'il y a lieu de se doter de nouvelles règles de travail.

Résultats du test

1. VOUS REPORTEZ POUR CHAQUE CAS LE NOMBRE DE POINTS QUE VOUS AVEZ ATTRIBUÉ À CHAQUE RÉPONSE.

Exemple. Si, pour le premier cas, vous avez mis 3 points à la réponse A et 2 points à la réponse B, vous reportez ceux-ci de la façon suivante:

Styles / Cas	M1		M2		M3		M4	
Cas 1	D		B	**2**	A	**3**	C	

2. VOUS ADDITIONNEZ LES POINTS OBTENUS DANS CHAQUE COLONNE.

Cas \ Styles	M1		M2		M3		M4	
Cas 1	D		B		A		C	
Cas 2	B		C		A		D	
Cas 3	A		D		C		B	
Cas 4	B		A		C		D	
Cas 5	C		B		A		D	
Cas 6	C		B		D		A	
Cas 7	D		B		C		A	
Cas 8	B		C		D		A	
Total								

Les différents styles de management

- M1 – Style directif.
- M2 – Style persuasif.
- M3 – Style participatif.
- M4 – Style délégatif.

Commentaires

1. Si vos résultats font apparaître un score supérieur à 20 pour un style, ce dernier représente un style dominant.

Exemple de résultats obtenus :

M1 (5), M2 (15), M3 (20) et M4 (0) → Votre style dominant est M3 – Participatif.

2. Le deuxième score obtenu fait apparaître votre style de rechange en cas de situation difficile.

Votre style de rechange est → M2 – Persuasif.

3. Si tous les scores sont équivalents, il semble probable que vous n'ayez pas de style dominant mais une forte adaptabilité aux situations managériales.

ANNEXE

35 À quel schéma cognitif appartenez-vous ?

Autodiagnostic

Répondre spontanément et mettre des croix correspondant à votre réponse dans la colonne adéquate.

PV = Plutôt vrai : si vous pensez ou agissez de cette façon la plupart du temps.

PF = Plutôt faux : si vous ne faites ou ne pensez que rarement ce qui est écrit.

N°	**Êtes-vous cerveau droit ou cerveau gauche ?**	PV 1	PF 0
1	Je m'en tiens souvent aux faits, et je suis logique.		
2	L'innovation et la prise de risques ne me font pas peur, elles me dopent.		
3	Je privilégie le présent : aujourd'hui et maintenant…		
4	Imaginer des procédures nouvelles, un exercice de l'esprit qui me passionne.		
5	J'aime analyser, vérifier, contrôler.		
6	Précisions et détails sont indispensables à une mise en œuvre de qualité.		
7	Je privilégie le réalisme et l'objectivité aux plans hypothétiques et aux supputations.		
8	Détecter de nouvelles possibilités, spéculer, imaginer le futur, un programme fascinant.		
9	Les grandes lignes s'imposent toujours à moi, je sais aller à l'essentiel.		
10	Organiser mon temps et planifier sont pour moi une nécessité.		
11	Improviser est un exercice qui m'est familier, je m'en sors toujours bien.		
12	Le facteur humain fait pencher la balance dans ma prise de décision.		
13	Prendre mon temps me donne un sentiment de sécurité, je sais donner du temps au temps.		
14	Je tiens à mes habitudes, le changement me stresse et me fait peur.		
15	J'adore ranger, trier, jeter, faire le vide et organiser mon espace de travail.		
16	J'ai du mal à me plier aux règles, je n'aime pas ce qui est rigide.		
17	J'aimerais apprendre quelque chose de nouveau tous les jours.		
18	La plupart du temps je préfère me fier à mes intuitions.		
19	Les idées complexes me plaisent et j'aime élaborer des stratégies de résolution de problèmes.		
20	J'apprécie que mes interlocuteurs valident leurs raisonnements par des preuves factuelles.		

Résultats

Reporter le nombre de points attribués à chaque question et faire le total. Le score le plus élevé vous indiquera vos préférences en matière de schéma cognitif.

Cerveau gauche		Cerveau droit	
1		2	
3		4	
5		8	
6		9	
7		11	
10		12	
13		16	
14		17	
15		18	
20		19	
TOTAL		**TOTAL**	
	10		10

Autodiagnostic

Les personnes qui utilisent majoritairement leur cerveau gauche sont naturellement plus organisées et plus rationnelles. Elles fonctionnent comme un ordinateur. Elles aiment que les idées s'articulent logiquement et observent les situations de façon objective en prenant du recul. Leur souci d'efficacité les rend critiques, exigeantes et rigoureuses. Elles aiment les applications pratiques, le concret et privilégient l'analyse, le contrôle et la vérification. L'imprévu et l'incertitude les déstabilisent.

Les personnes qui utilisent majoritairement leur cerveau droit prennent leur décision en privilégiant le facteur humain. Leur intuition, leur réceptivité et leur ouverture facilitent l'échange, la communication et le partage. Elles voient les grandes lignes et ne s'arrêtent pas sur les détails, seul compte le résultat, la solution. Elles aiment innover et ne craignent pas la remise en question. Elles privilégient le changement, le mouvement et sont intéressées par la dimension stratégique.

Identifier vos voleurs de temps

Autodiagnostic

D'après les travaux de Alec MacKenzie, et *L'Art du temps* de Jean-Louis Servan-Schreiber (Éditions Fayard, 1983).

- *Complétez les tableaux en sélectionnant vos trois plus gros voleurs de temps intrinsèques et extrinsèques.*
- *Estimez le temps perdu pour chacun d'entre eux (soit par jour soit par semaine, en minutes ou en pourcentage).*
- *Fixez-vous des objectifs pour en limiter les dérives.*
- *Déterminer les actions à mettre en œuvre afin d'y parvenir.*

Les voleurs de temps liés à soi ou intrinsèques	Estimation du temps perdu	Objectifs poursuivis	Actions à mettre en œuvre
Le désordre	....	....	....
Le classement défectueux	....	....	....
Les objectifs mal définis	....	....	....
Les priorités non définies	....	....	....
Le travail non organisé	....	....	....
L'éparpillement des tâches	....	....	....
Le perfectionnisme	....	....	....
Le manque de délégation	....	....	....
L'incapacité à dire « non »	....	....	....
La procrastination	....	....	....
Le manque d'anticipation	....	....	....
Le surcontrôle	....	....	....
Les erreurs (les nôtres)	....	....	....
La mauvaise estimation du temps	....	....	....
Le démotivation	....	....	....
La fatigue	....	....	....
Total « chronophages »/jour			

Les voleurs de temps liés aux autres ou externes	Estimation du temps perdu	Objectifs poursuivis	Actions à mettre en œuvre
Les interruptions fréquentes	....	....	....
Les appels téléphoniques	....	....	....
Les mails	....	....	....
Les visites imprévues	....	....	....
Les erreurs (des autres)	....	....	....
Les retards des autres	....	....	....
Les personnes insuffisamment	....	....	....
formées	....	....	....
L'incompétence des autres	....	....	....
La mauvaise communication	....	....	....
Les rôles mal définis	....	....	....
Le management « fantôme »	....	....	....
Le manque de vision	....	....	....
La réunionnite aiguë	....	....	....
La non-gestion du temps des autres	....	....	....
La vie en « open space »	....	....	....
Total « chronophages »/jour			

Autodiagnostic

L'«assertivité» ou l'affirmation de soi

Autodiagnostic

Cet autodiagnostic est adapté du questionnaire de Thomas et Kilmann, issu de leurs recherches sur les conflits[1]. Il repose sur les travaux de Blake et Mouton (1984)[2], caractérisant cinq styles de comportements opératoires dans la gestion de conflits interpersonnels.

Répondez spontanément en mettant une croix correspondant à votre réponse dans la colonne:

- *«Plutôt vrai»: si vous pensez ou agissez de cette façon la plupart du temps;*
- *«Plutôt faux»: si vous ne faites ou ne pensez que rarement ce qui est décrit.*

Sur une feuille de papier, notez à chaque réponse pourquoi vous avez fait ce choix, cela vous aidera à situer où sont vos points forts et vos axes d'amélioration.

NB: Ne trichez pas avec vous-même. Cet exercice engage la suite de l'entraînement.

		VRAI	FAUX
1	Je dis souvent oui, alors que je voudrais dire non.		
2	Je défends mes droits, sans empiéter sur ceux des autres.		
3	Je préfère dissimuler ce que je pense ou ressens, si je ne connais pas bien la personne.		
4	Je suis plutôt autoritaire et décidé.		
5	Il est en général plus facile et habile d'agir par personne interposée que directement.		
6	J'essaie de trouver une solution satisfaisante pour les deux parties.		
7	Je ne crains pas de critiquer la position de l'autre et de dire aux gens ce que je pense.		

1. K. W. Thomas et R. H. Kilmann, *Conflict and conflict management*. Questionnaire original: *Thomas-Kilmann Conflict Mode Instrument*, CPP Inc, 1974.
2. R. R. Blake et J. S. Mouton, *Solving costly organizational conflicts*, San Francisco, Jossey-Bass, 1984.

		VRAI	FAUX
8	Je n'ose pas refuser certains arguments.		
9	Je ne crains pas de donner mon opinion, même en face d'interlocuteurs hostiles.		
10	Quand il y a une discussion un peu conflictuelle, je préfère me tenir en retrait pour voir comment cela va tourner.		
11	On me reproche quelquefois d'avoir l'esprit de contradiction.		
12	Pour se tirer d'une situation de conflit, je crois qu'il est nécessaire d'abattre cartes sur table.		
13	J'ai du mal à écouter les autres et à prendre en considération leurs arguments.		
14	Je m'arrange pour être dans les secrets des dieux ; cela m'a bien rendu service.		
15	Je ne pense pas qu'il soit possible de résoudre un conflit autrement que par le dialogue et la discussion.		
16	On me considère en général comme assez malin et habile dans mes négociations et tractations.		
17	J'entretiens avec les autres des rapports fondés sur la confiance plutôt que sur la domination ou le calcul.		
18	Je préfère ne pas demander de l'aide à un collègue ; il risquerait de penser que je suis incompétent.		
19	Je suis timide et je me sens bloqué dès que je dois affirmer mon point de vue, surtout face à quelqu'un d'agressif.		
20	Dans une situation délicate, je trouve important de prendre en considération tous les aspects de la situation.		
21	Lorsque l'on me provoque, je reste la plupart du temps bouche bée. Je perds tous mes moyens face à l'agressivité ou la colère.		
22	Je suis à l'aise dans les contacts en face à face.		
23	Je joue assez souvent la comédie : comment faire autrement pour arriver à ses fins ?		
24	Je cherche généralement l'aide de l'autre pour trouver une solution.		
25	Je m'emporte assez facilement et je coupe la parole aux autres sans m'en rendre compte à temps.		
26	J'ai de l'ambition et je suis prêt à faire ce qu'il faut pour arriver.		

Autodiagnostic

Autodiagnostic

		VRAI	FAUX
27	Je sais en général qui il faut voir et quand il faut le voir : c'est important pour réussir et défendre sa position.		
28	J'écoute autant le point de vue de l'autre que je tiens compte du mien.		
29	Je suis toujours en faveur d'une discussion franche du problème.		
30	J'ai tendance à remettre à plus tard ce que je dois faire ou dire.		
31	J'attends que l'orage se calme de lui-même.		
32	En général, je me présente tel que je suis, sans dissimuler mes sentiments.		
33	Un conflit est une richesse, tandis qu'une situation bloquée est une perte d'énergie.		
34	Il en faut beaucoup pour m'intimider.		
35	Faire peur aux autres est souvent un bon moyen de prendre du pouvoir.		
36	Quand je me suis fait avoir une fois, je sais prendre ma revanche à l'occasion.		
37	Pour critiquer quelqu'un, il est efficace de lui reprocher de ne pas suivre ses propres principes. Il est forcément d'accord.		
38	Je sais tirer parti du système : je suis débrouillard.		
39	Je préfère « jouer cartes sur table ».		
40	Je suis capable d'être moi-même, tout en continuant d'être accepté socialement.		
41	Quand je ne suis pas d'accord, j'ose le dire sans passion et je me fais entendre.		
42	J'ai le souci de ne pas importuner les autres.		
43	J'ai du mal à prendre parti et à choisir.		
44	Je n'aime pas être la seule personne de mon avis dans un groupe : dans ce cas, je préfère me taire.		
45	Je n'ai pas peur d'exprimer clairement mon désaccord.		
46	La vie n'est que rapports de force et lutte.		
47	Un conflit peut aussi être considéré comme un problème à résoudre, il s'agit alors de le comprendre et d'envisager, ensemble, toutes les solutions possibles.		
48	Je n'ai pas peur de relever des défis dangereux et risqués.		

Autodiagnostic

		VRAI	FAUX
49	Créer des conflits peut être plus efficace que réduire les tensions.		
50	Il me semble important de rechercher ensemble les causes de nos tensions.		
51	Jouer la franchise est un bon moyen pour mettre en confiance.		
52	Je sais écouter et je ne coupe pas la parole.		
53	Je mène jusqu'au bout ce que j'ai décidé de faire.		
54	Je n'ai pas peur d'exprimer mes sentiments tels que je les ressens.		
55	Je sais bien faire adhérer les gens et les amener à mes idées.		
56	Je suis convaincu qu'il y a toujours moyen de s'arranger et de s'entendre.		
57	Flatter tout un chacun reste encore un bon moyen d'obtenir ce que l'on veut.		
58	En cas de désaccord, je recherche les compromis réalistes sur la base des intérêts mutuels.		
59	Une fois que je suis lancé dans mon argumentation, j'ai du mal à m'arrêter.		
60	Je sais manier l'ironie mordante.		
61	Je suis serviable et facile à vivre, parfois même je me fais un peu exploiter.		
62	J'aime mieux observer que participer.		
63	Si nous restons bloqués dans un conflit, peut-être vaut-il mieux faire appel à un tiers pour résoudre au mieux la situation.		
64	Je préfère être dans la coulisse qu'au premier rang.		
65	Je ne pense pas que la manipulation soit une solution efficace.		
66	Je partage ma vision du problème avec l'autre pour que nous puissions le régler.		
67	Il ne faut pas annoncer trop vite ses intentions, c'est maladroit.		
68	Je choque souvent les gens par mes propos.		
69	Pour gérer une situation difficile, je crois que si l'on cherche à négocier en sortant gagnant-gagnant, c'est le meilleur moyen de maintenir la relation.		
70	Je préfère être loup plutôt qu'agneau.		

		VRAI	FAUX
71	Influencer les autres est souvent le seul moyen pratique pour obtenir ce que l'on veut.		
72	Je sais en général protester avec efficacité, sans agressivité excessive.		
73	Je trouve que les problèmes ne peuvent être vraiment résolus sans en chercher les causes profondes.		
74	Je cherche à trouver un juste milieu pour nos concessions mutuelles.		
75	Je n'aime pas me faire valoir et j'abandonne facilement mon dû plutôt que d'être perçu comme vindicatif.		

DÉPOUILLEMENT

Chaque phrase correspond à un exemple d'attitude de fuite passive, d'attaque agressive, de manipulation, de recherche de compromis ou de comportement assertif. Les phrases indiquées par un numéro ont été classées en quatre colonnes, correspondant aux quatre attitudes.

Notez « 1 » si vous avez répondu : vrai, notez « 0 » si vous avez répondu : faux.

Le total des points indique le degré de votre tendance à utiliser l'attitude indiquée.

Attitude Passive		Attitude Agressive		Attitude de Manipulation		Attitude Assertive		Attitude de Compromis	
1		4		3		2		6	
8		7		5		9		12	
18		11		10		17		15	
19		13		14		22		20	
21		25		16		28		24	
30		26		23		29		33	
31		34		27		32		39	
42		35		37		40		47	
43		36		38		41		50	
44		46		49		45		56	
61		48		51		52		58	
62		59		55		53		63	
64		60		57		54		66	
73		68		67		65		69	
75		70		71		72		74	
Total : 15		**Total : 15**		**Total : 15**		**Total : 15**		**Total : 15**	

Le principe est le suivant : il s'agit de croiser deux variables principales, **l'autorité de l'individu**, d'une part, et **la capacité de collaboration**, d'autre part. L'autorité correspond à l'attention que l'on se porte à soi-même tandis que la collaboration signifie l'attention que l'on porte à autrui. Ainsi, les cinq styles représentent les différentes combinaisons possibles de ces deux dimensions et de leur degré d'intensité.

Ils peuvent être décrits sommairement comme suit :

- **Le style passif** correspond à un manque flagrant d'autorité et de collaboration : il s'agit d'une personne qui cherche à éviter les conflits et privilégie la neutralité. Ce comportement peut aussi signifier qu'une personne n'aimant pas les tensions et/ou ne sachant pas les gérer, préfère laisser évoluer la situation toute seule. Cette abstention peut parfois être bénéfique si elle empêche une escalade de la violence et de l'agressivité au sein des membres du groupe. Néanmoins, dans ce modèle comme d'ailleurs, dans celui de Blake et Mouton, ce style de comportement est peu valorisé et peu apprécié par les collaborateurs car il est perçu comme laxiste et peut générer des frustrations.
- **Le style dominateur** dénote un comportement autoritaire qui tient très peu compte, voire pas du tout, de la collaboration. Dans une situation conflictuelle, l'issue sera souvent en défaveur d'autrui, selon le modèle gagnant-perdant[1]. La représentation de la discussion ou de la négociation repose sur le principe qu'une seule des deux parties peut gagner. La motivation principale de ceux qui utilisent ce style est de pouvoir atteindre leurs propres objectifs au détriment de ceux d'autrui. Par ailleurs, leur attitude comporte des éléments coercitifs et il existe un besoin de dominer l'autre qui rend difficile la prise en compte de ses besoins, et pratiquement impossible la collaboration. La personne peut également devenir agressive pour parvenir à ses fins. Par conséquent, ce style de comportement peut engendrer du mécontentement de la part des personnes concernées par ces conflits.
- **Le style basé sur la manipulation,** à l'inverse du style précédent, n'utilise pas la confrontation mais davantage l'influence. La personne va inciter les autres à trouver des solutions par eux-mêmes. Le manager est prudent et ne dévoile pas facilement ses cartes. De plus, il fait preuve d'observation afin de ne pas prendre de risques inutiles et sait manœuvrer pour obtenir les confidences de sa hiérarchie. C'est un fin stratège qui saura utiliser les failles du système et de son entourage pour en tirer le meilleur parti. Il peut se servir de la carte de la confiance comme d'une autre pour atteindre ses objectifs. En règle générale, il est redoutable dans ses négociations, mais son entourage peut parfois en pâtir.

1. En référence aux travaux de Thomas Gordon.

- **Le style fondé sur la recherche d'un compromis** relève d'un comportement mi-autoritaire et mi-coopératif. Ce style se fonde sur le principe de donnant-donnant et suppose à la fois des négociations et souvent une série de concessions. Le compromis est souvent utilisé dans les situations de conflit ; il permet de conserver l'équilibre relationnel au sein d'un groupe ou entre deux individus. Cette approche est bien appréciée par l'entourage car il observe clairement la volonté du manager de trouver une solution. Ce style prend en compte les points de vue de chacun et ceci est également bien perçu. Le risque est parfois de chercher à couper la poire en deux, à tout prix, sans forcément rechercher la meilleure solution à long terme. Ce style correspond à une démarche pragmatique pour gérer les conflits et peut être perçu comme de la coopération (plus ou moins réelle).
- **Le style assertif** correspond à un comportement fortement marqué par une volonté de confiance et de collaboration. Le manager va chercher à poser clairement cartes sur table et à connaître les tenants et les aboutissants d'une situation. Dans le cas d'un conflit interpersonnel, cela va se traduire par une démarche qui vise à faire gagner toutes les parties impliquées, toutefois de manière raisonnable et juste. Dans le style assertif, la négociation illustre la motivation à rechercher la solution qui présente le maximum d'avantages mutuels et de résultats durables.

Autodiagnostic

Les personnes manifestant un style assertif :

- trouvent qu'un conflit est naturel, utile et qu'il conduit souvent à l'adoption d'une solution plus créatrice s'il est réglé convenablement ;
- sont confiantes et spontanées avec les autres ;
- comprennent que, si un conflit se résout à la satisfaction générale, tout le monde trouvera normal de se rallier à la solution ;
- croient que chacun joue un rôle égal dans la résolution d'un conflit et considèrent que toutes les opinions sont également légitimes ;
- ne sacrifient personne pour le seul bien du groupe.

ANNEXE

38

Bien mener un entretien

Autodiagnostic

AFFIRMATIONS	Vrai	Faux
Règles générales		
1. Prévoir la date et l'heure d'un entretien à l'avance est efficace.		
2. L'attitude de votre interlocuteur est très liée à votre propre attitude.		
3. Les attitudes corporelles peuvent ne pas être en cohérence avec ce que vous exprimez verbalement.		
4. Il ne faut jamais prendre de notes au cours d'un entretien.		
5. Un entretien est conduit par le responsable et comporte un objectif, contrairement à une conversation.		
6. Il faut donner des détails pour se faire comprendre.		
7. L'intérêt d'identifier le type d'entretien que l'on doit conduire est de mieux maîtriser son déroulement.		
8. Faire reformuler votre interlocuteur sur ce qu'il a retenu permet de vérifier ce qu'il a compris.		
9. Au maximum un entretien permet de communiquer sur deux ou trois idées.		
10. Pour illustrer son propos des images, des comparaisons ou des métaphores peuvent aider l'autre à mieux comprendre.		
Types d'entretien		
11. L'entretien d'aide est adapté si votre interlocuteur a une difficulté psychologique.		
12. L'entretien de recrutement est essentiellement un entretien d'écoute.		
13. L'entretien d'évaluation permet aux deux interlocuteurs de s'exprimer sur leurs fonctions respectives.		
Méthodologie		
14. Les questions fermées obligent votre interlocuteur à s'exprimer.		
15. Il ne faut pas laisser de « blanc » dans l'entretien.		
16. Le manager doit rester dans son rôle de hiérarchique pendant l'entretien d'évaluation.		
17. Confiance et franchise sont indispensables dans le cadre d'un entretien d'évaluation.		
18. Reformuler ce que dit l'autre l'incite à parler à nouveau.		
19. Il ne faut surtout pas montrer à son interlocuteur que l'on a perdu le bon déroulement de son argumentation.		
20. Imaginer votre interlocuteur dans un autre contexte aide à ne pas se laisser intimider par lui.		
21. Quand vous sentez que votre interlocuteur « décroche » c'est que vos propos sont ennuyeux.		

AFFIRMATIONS	Vrai	Faux
Communication		
22. Le non-verbal est aussi important dans la communication que les mots.		
23. Pour inciter votre interlocuteur à poursuivre, il faut reformuler sa dernière phrase.		
24. Reformuler peut se faire à deux niveaux.		
25. Il est facile de ne pas être subjectif en écoutant.		
26. Pour aider l'autre à résoudre son problème il faut avoir connaissance de tous les éléments.		
27. Réconforter votre interlocuteur s'il vous confie ses difficultés.		
28. Vous risquez d'être subjectif dans l'interprétation d'un sujet évoqué en entretien s'il vous touche personnellement.		
Conclure		
29. Il faut conclure car chacun reste sur une « dernière impression ».		
30. La synthèse est à faire par celui qui a été convoqué à l'entretien.		
31. L'intérêt de conclure est de savoir si les objectifs de l'entretien ont été atteints.		
32. Des entretiens ultérieurs seront très difficiles si celui-ci s'est terminé brutalement.		
33. Penser à fixer tout de suite la date du prochain entretien est un gage d'efficacité.		

Autodiagnostic

Réponses

1. V – 2. V – 3. F – 4. F – 5. V – 6. F – 7. V – 8. V – 9. V – 10. V – 11. F – 12. F – 13. F – 14. F – 15. F – 16. V – 17. V – 18. V – 19. V – 20. V – 21. F –

22. V – 23. V – 24. V – 25. V – 26. V – 27. V – 28. V – 29. V – 30. F – 31. V – 32. V – 33. V

ANNEXE 39 — Le comportement du manager pendant un entretien d'évaluation

Au cours d'un entretien d'évaluation, le manager est appelé à:

- **Produire** (c'est-à-dire à consigner par écrit les différents points d'accord et de désaccord, les résultats obtenus au cours de l'entretien).
- **Faciliter** (c'est-à-dire à rappeler régulièrement le déroulé de l'entretien et les différents points à aborder; en un mot, cadrer pour avancer).
- **Réguler** (c'est-à-dire à utiliser les techniques classiques de communication – questionnement, reformulation... – pour fluidifier l'échange).

Ci-dessous quelques exemples de situations courantes au cours des entretiens de management que vous pouvez chercher à repérer.

Situations au cours de l'entretien	Prod.	Fac.	Rég.
1. Vous rappelez les différentes étapes de l'entretien d'évaluation et le timing prévu.			
2. Vous énoncez le contenu de l'entretien et son déroulement.			
3. Votre collaborateur décide ostensiblement de ne plus s'exprimer, vous lui posez alors une question.			
4. Votre collaborateur donne son point de vue face à une problématique au cours de l'entretien.			
5. Vous donnez à votre collaborateur une copie du document d'évaluation que vous venez de remplir avec lui.			
6. Pour mettre fin à une phase d'opposition avec votre collaborateur, vous reprenez l'initiative de l'entretien et demandez à votre collaborateur de développer les arguments de sa position.			
7. Votre collaborateur accepte un objectif que vous venez de lui proposer et s'engage sur un plan d'actions pour l'atteindre.			
8. Afin de maîtriser le timing de votre entretien vous synthétisez le point de vue de votre collaborateur.			
9. Vous tenez compte du non-verbal exprimé par votre collaborateur en lui demandant ce qui le gêne dans vos propos.			
10. Votre collaborateur résume ses compétences acquises.			
11. Vous invitez votre collaborateur à résumer votre position concernant son évolution.			
12. Vous rappelez la stratégie de l'entreprise et présentez les objectifs de votre unité.			

Corrigé : Production : 4-5-7-10-12 / Facilitation : -2-8-11 / Régulation : 3-6-9

Exercice sur le questionnement

Test

Caractérisez la nature de chacune des questions suivantes en mettant une croix dans la colonne qui vous semble être la bonne parmi les quatre possibles.

Questions	Ouvertes		Fermées	
	Neutres	Orientées	Neutres	Orientées
1. Depuis combien de temps êtes-vous dans le service ?				
2. Combien êtes-vous dans votre équipe ?				
3. Sur quoi cette décision se base-t-elle ?				
4. Que pensez-vous de cette façon de procéder ?				
5. Quelle est votre position face à la décision prise par le groupe ?				
6. Quel est votre avis sur cette méthode ?				
7. Quels sont vos arguments pour avoir choisi cette méthode ?				
8. Trouvez-vous cette méthode efficace ?				
9. Quelle est votre motivation pour appliquer cette méthode ?				
10. Pourquoi avez-vous choisi cet organisme ?				
11. Cette solution n'est-elle pas trop onéreuse ?				
12. Dans quel délai pourrez-vous produire ce rapport ?				
13. Quel est votre avis quant à cette pratique inadmissible de « gonfler » ses notes de frais ?				
14. Êtes-vous motivé pour travailler avec nous ?				
15. Pour quelles raisons proposez-vous toujours des solutions irréalistes ?				
16. Comment avez-vous pu vous conduire d'une manière aussi désagréable ?				
17. Que pensez-vous des propositions qui nous sont faites ?				
18. Avez-vous interrogé M. Dupont ?				
19. Que pensez-vous d'arrêter là cet exercice ?				

Corrigé : 1-FN, 2-FN, 3-ON, 4-ON, 5-OO, 6-ON, 7-ON, 8-FN, 9-OO, 10-ON, 11-FO, 12-FN, 13-OO, 14-FO, 15-OO, 16-OO, 17-ON, 18-FN, 19-ON.

ON : ouverte neutre, OO : ouverte orientée, FN : fermée neutre, FO : fermée orientée

Autoévaluez-vous après vos entretiens d'évaluation

Autodiagnostic

En tant que manager, répondez aux questions suivantes après avoir mené un entretien d'évaluation avec chacun de vos managés.

Questions	Oui	Non
1. D'après vous, l'entretien s'est-il bien passé ?		
2. Étiez-vous suffisamment préparé ?		
3. Avez-vous resitué le contexte de cet entretien ?		
4. Avez-vous suivi les différentes étapes du guide de l'entretien dans l'ordre proposé ?		
5. Le temps consacré à l'analyse du passé et celle du futur était-il équivalent ? Vous avez réussi à : Vous n'avez pas assez approfondi :		
6. Étiez-vous à l'écoute de votre managé ?		
7. Avez-vous traité chaque question jusqu'au bout ?		
8. Votre managé s'est-il exprimé pendant environ 70 % de l'entretien et vous 30 % ?		
9. Vous a-t-il écouté ?		
10. A-t-il été convaincu par vos propos ?		
11. Avez-vous valorisé ses points forts ?		
12. Les points de reproche ont-ils été discutés ?		
13. Votre managé a-t-il reconnu que vos reproches étaient justifiés ?		
14. Avez-vous vérifié l'authenticité des faits exposés ?		
15. Votre managé a-t-il pu exprimer son point de vue, donner ses idées ?		
16. Avez-vous fixé des points d'amélioration ?		
17. Avez-vous rempli la totalité du support d'entretien ?		

En résumé, notez les points de vigilance pour vos futurs entretiens :

....

....

....

....

....

Autodiagnostic

À l'issue de l'ensemble des entretiens d'évaluation que vous avez menés, répondez aux questions suivantes.

Questions	Oui	Parfois	Rarement	Non
1. Avez-vous préparé l'entretien ?				
2. Votre N + 1 a-t-il participé à la préparation ?				
3. Aviez-vous noté des points particuliers à traiter en fonction de tel ou tel managé ?				
4. Avez-vous accueilli tous les éléments d'information nécessaires ?				
5. Avez-vous fixé les rendez-vous 15 jours à l'avance ?				
6. Le planning des rendez-vous a-t-il été respecté ?				
7. Avez-vous informé vos managés des objectifs, du déroulement et du contexte de l'entretien d'évaluation ?				
8. Avez-vous passé environ une heure par entretien ?				
9. Avez-vous été dérangé pendant l'entretien ?				
10. L'endroit était-il propice à une bonne écoute ?				
11. Aviez-vous une description de mission à jour pour chacun de vos collaborateurs ?				
12. Les documents préparés vous ont-ils été utiles ?				
13. Le temps était-il équilibré entre le bilan de l'année écoulée et les engagements pour le futur ?				
14. Avez-vous tenu compte des questions de votre managé ?				
15. Avez-vous constaté un décalage entre ce que vous aviez prévu de dire et ce que vous avez exprimé ?				
16. Le temps réparti 30/70 a-t-il été respecté ?				
17. Avez-vous pu répondre à tous les arguments de vos managés ?				
18. Avez-vous exprimé reproches et compliments ?				
19. Le climat de l'entretien était-il satisfaisant ?				
20. Les objectifs de l'entretien étaient-ils clairs ?				
21. Le document interne d'évaluation a-t-il été rempli ?				
22. Votre collaborateur a-t-il tous les éléments en mains pour suivre ses objectifs ?				
23. Avez-vous planifié un suivi des engagements pris ?				

ANNEXE 42 Cartographie des niveaux d'autonomie de l'équipe

Exemple

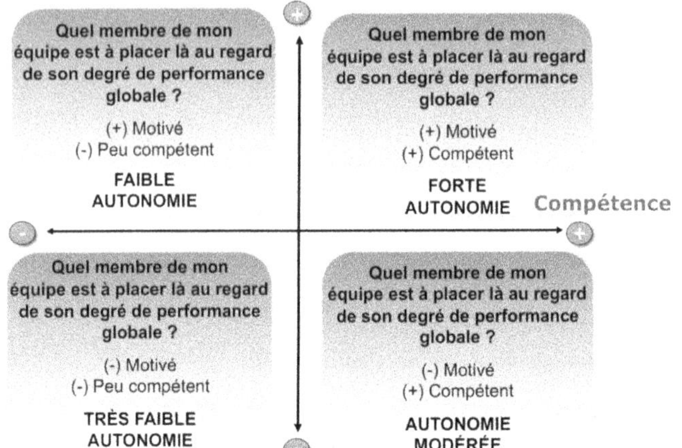

Exemple d'application à l'équipe :

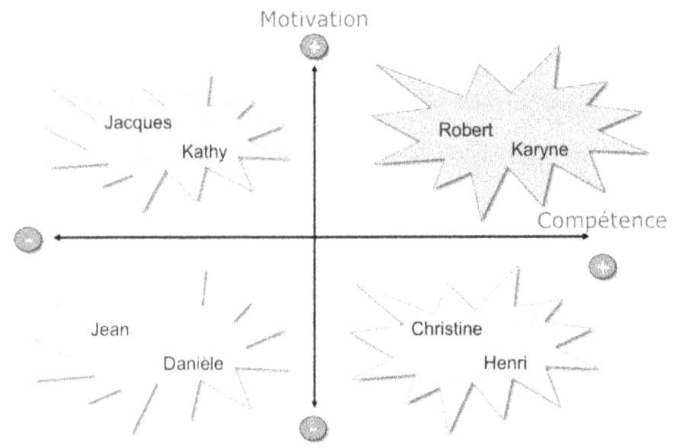

Pour chaque collaborateur, évaluer la performance au regard de chaque tâche à accomplir :

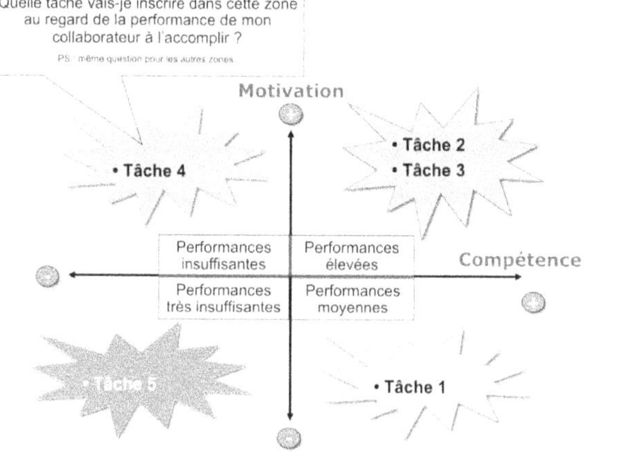

Exemple

Dans un premier temps, le manager établit un inventaire des tâches à accomplir par l'ensemble de ses collaborateurs. Dans un deuxième temps, il dresse pour chacun d'entre eux la représentation schématique de son degré de maturité professionnelle. Il nous présente celle de Robert, analyste programmeur de 40 ans, considéré comme très motivé et très compétent.

Liste des tâches ou activités à accomplir par un analyste programmeur :

- définir le besoin du client interne ou externe ;
- élaborer un cahier des charges des besoins exprimés ;
- réaliser la programmation de travaux informatiques (travaux « neufs » et maintenance) avec les outils mis à disposition ;
- assurer les tests des programmes développés à partir des jeux d'essais ;
- participer à la rédaction des dossiers techniques (documentation des logiciels...) ;
- etc.

Exemple

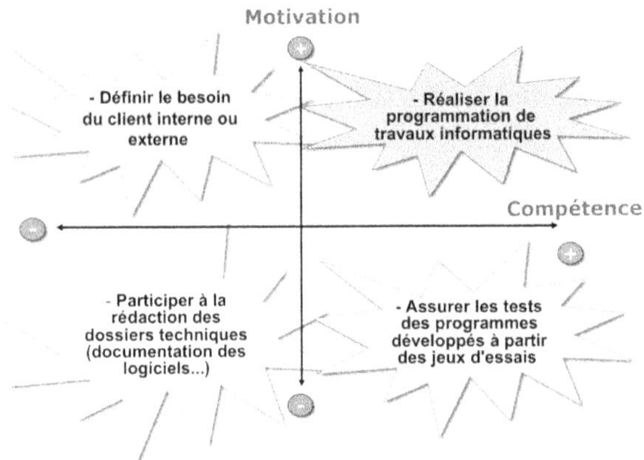

Décider des actions adéquates et accompagner les collaborateurs:

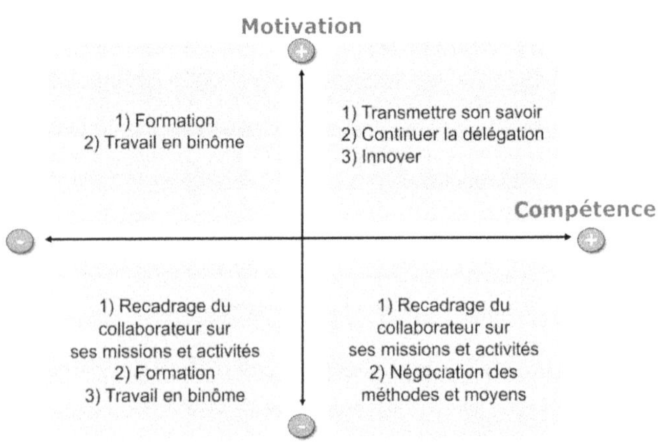

À partir de la cartographie que Jacques a établie, il peut envisager un certain nombre d'actions afin de faire progresser son collaborateur.

ANNEXE 43

Vos freins à la délégation

Test

Vous avez certainement 1000 raisons pour ne pas déléguer: faites l'inventaire de tous les freins que vous vous mettez et identifiez vos « cages mentales ».

Ce que vous vous dites régulièrement :	Oui	Non
Je pense que faire est plus rapide que faire faire.		
Je ne connais personne susceptible de faire aussi bien que moi.		
Mes collaborateurs n'ont pas l'expertise suffisante.		
Mettre en place une délégation me prendrait trop de temps.		
Déléguer c'est perdre une partie de son pouvoir.		
Je suis trop perfectionniste pour accepter de déléguer.		
Je ne peux faire confiance à personne.		
Déléguer c'est prendre le risque de l'erreur.		
Passionné par mon travail, je ne peux renoncer à certaines missions.		
Je n'aime pas que les choses soient faites différemment.		
Mes collaborateurs seraient noyés par la complexité du projet.		
Jusqu'à présent je me suis toujours débrouillé, pourquoi changer ?		
Penser que tout passe par moi me donne un sentiment d'importance.		
Mon N + 1 veut absolument que je m'en occupe.		
Les lauriers risquent de m'échapper en cas de succès.		
Certains pourraient penser que je n'ai rien à faire.		
Je me mettrais en danger en livrant des informations confidentielles.		
À trop faire confiance je prends des risques.		
Partager mon savoir-faire, c'est accepter de me faire souffler la place.		
La délégation : un acte managérial plus idéaliste qu'efficace.		

Si vous avez entre 0 et 5 « oui »: vous êtes prêt pour la délégation, à vous de jouer...

Si vous avez entre 5 et 10 « oui »: il vous faudra lutter contre le perfectionnisme, le fait de vouloir trop en faire ou de vouloir tout contrôler.

Si vous avez entre 10 et 15 « oui »: vous vous donnez toutes les bonnes raisons pour ne pas changer vos habitudes...

Si vous avez plus de 15 « oui »: vous séparer de vos « cages mentales » passera par un vrai travail sur la confiance en soi (confiance, méfiance et défiance) et sur le droit à l'erreur.

Le tableau de bord

Exemple

Un tableau de bord de la performance du service

Domaines de performance	Enjeux	Indicateurs	Objectifs	Résultats N – 1	Résultats à ce jour	▲[1] N/N – 1	▲[2] Obj N
Économique	Croissance du chiffre d'affaires	– CA	+ 20 % CA	25 %	26 %	+ 1 %	+ 6 %
	Améliorer la rentabilité	– Taux de marge	+ 10 % taux de marge	+ 5 %	+ 6 %	+ 1 %	– 5 %
Service Client	Améliorer la qualité de service au client	– Taux satisfaction	95 %	90 %	92 %	+ 2 %	– 3 %
Gestion des coûts	Réduire les frais généraux	– Coût frais généraux	– 5 %	– 2 %	– 3 %	+ 1 %	– 2 %
Personnel	Développer l'Implication des salariés	– Taux d'absentéisme	7 %	10 %	8 %	– 2 %	- 1 %
...							

(1) Écarts entre « Résultats à ce jour » et « Résultats de N - 1 ».
(2) Écarts entre « Objectifs » et « Résultats à ce jour ».

Un tableau de bord de la performance de l'équipe

Indicateurs	Objectifs	A		B		C	
		Prév.(1)	Réal.(1)	Prév.	Réal.	Prév.	Réal.
CA	+ 20 % CA	+ 15 %	+ 10 %	+ 25 %	+ 25 %	+ 18 %	+ 19 %
Taux de marge	+ 10 % taux de marge						
Taux satisfaction (1)	95 %	95 %	100 %	95 %	100 %	95 %	90 %
Coût frais généraux (1)	– 5 %	– 5 %	– 8 %	– 5 %	– 8 %	– 5 %	– 8 %
Taux d'absentéisme	7 %	0 %	0 %	0 %	0 %	0 %	1 %
...							

(1) Objectifs collectifs et non individuels.

Exemple

Un tableau de bord des compétences internes

Liste des tâches	A		B		C		D		Niv. comp.(3) globale	Degré motivation globale
	NC(1)	M(2)	NC	M	NC	M	NC	M		
Accueillir le client	SF	❶	M	❶	M	❷	Ex	❶	M	❶
Découvrir le besoin client	SF	❶	M	❶	M	❷	Ex	❶	M	❶
Vendre	SF	❶	SF	❸	SF	❸	M	❶	SF	❷
Gestions des dossiers	M	❶	M	❶	M	❷	M	❹	M	❷
...										

(1) Niveau de compétence : NSP : ne sait pas faire ; SF : sait faire ; M : maîtrise ; Ex : expertise.
(2) Motivation à réaliser la tâche :
❶ forte ❷ élevée ❸ moyenne ❹ insuffisante.
(3) Niveau de compétence globale de l'équipe.

Le tableau de bord projet

Exemple

Nom du projet

Date de mise à jour : ________

Descriptif du projet : ____
____
____
____

Date de début : _________
Date de fin : ___________

Coût	**Délais**	**Qualité/performance**
Situation ☹ Tendance ➚	Situation ☺ Tendance ➘	Situation 😐 Tendance ➔
Indicateurs clés :	Indicateurs clés :	Indicateurs clés : ... ...

Nombre de risques non résolus :

Incidents ou modifications :

Dernières décisions prises :

conception
réalisation
mise en page
pca
44405 Rezé cedex

N° d'éditeur : 3850
Dépôt légal : avril 2009

www.ingramcontent.com/pod-product-compliance
Ingram Content Group UK Ltd.
Pitfield, Milton Keynes, MK11 3LW, UK
UKHW021016220726
13924UKWH00001B/1